中国年度优秀诗歌

杨志学　唐　诗　主编

2017卷

新　华　出　版　社

图书在版编目（CIP）数据

中国年度优秀诗歌. 2017卷 / 杨志学, 唐诗主编.
-- 北京 : 新华出版社, 2018.1
ISBN 978-7-5166-3826-2

Ⅰ. ①中… Ⅱ. ①杨… ②唐… Ⅲ. ①诗集 - 中国 - 当代
Ⅳ. ①I227

中国版本图书馆CIP数据核字（2018）第015116号

中国年度优秀诗歌. 2017卷

主　　编: 杨志学　唐　诗

责任编辑: 李　成　　　**封面设计:** 李尘工作室
责任印制: 廖成华

出版发行: 新华出版社
地　　址: 北京石景山区京原路8号　**邮　　编:** 100040
网　　址: http://www.xinhuapub.com
经　　销: 新华书店、新华出版社天猫旗舰店、京东旗舰店及各大网店
购书热线: 010 - 63077122　**中国新闻书店购书热线:** 010 - 63072012

照　　排: 臻美书装
印　　刷: 北京明恒达印务有限公司
成品尺寸: 150mm × 230mm　1/20
印　　张: 17　　　**字　　数:** 275千字
版　　次: 2018年1月第一版　　　**印　　次:** 2018年1月第一次印刷
书　　号: ISBN 978-7-5166-3826-2
定　　价: 46.00元

目录 | CONTENTS

名 家

实　力

选 萃

网　络

名 家

MINGJIA

北京的春天（三首）

李　瑛

二〇一七年·雄鸡

不是《动物学·鸟纲》里介绍的那一只
不是几千年为我们祖先司晨的那一只
不是我童年时兵荒马乱的荒村午夜惊叫的那一只
不是我青年时在高山哨所饲养的那一只

你看见它比丝绸更绚丽的自豪的翎羽了么
你看见它铁柱般的趾爪屹立的英姿了么
你看见它高昂着头摇动红冠肉髯的勇武神采了么
你看见它转动的眼睛里这个动荡的世界了么

它站在比千峰万岭更高的五大洲的
报纸、荧屏和信件邮票上
雄视着这个不停旋转的地球
好一位器宇轩昂的将军

每天拂晓，从人间
千百种不同语言中找到的
相同的元音、语法、音调、节律组成的最强音
一遍又一遍地引颈高叫着——
和平

北京的春天

北京的春天很短
短得像我已把它忘记
短得像我左邻一个三岁男孩的微笑
难道它不是一个甜蜜的微笑
短得像我右邻一个三岁女孩的哭泣
难道它不是一次天真的哭泣

思　念——给爱人

你走了，再不回来
我再无法拥抱你
让我把我的手臂放在哪里

空间太辽阔，又冷又孤寂
到处是痛苦的距离
再不能说“我们”，只能说“我”和“你”

我有太多的梦，太多的记忆
都是你和你轻轻的影子
使我燃烧，又使我哭泣

思念是远方飘来的带雨的云
是两棵永远热恋的银杏
或两棵相思的绿油油的棕榈

（选自《人民文学》2017年第6期）

山泉、母语和其他（三首）

吉狄马加

山　泉

晚年的妈妈再没回到故乡，
她常常做梦似地告诉我们：
在那高高的生长荞麦的地方，
让人思念的是沁人心脾的泉水。

难怪她时常独自坐在窗前，
对一只鸟从何处飞来也感到好奇。
她会长时间地注视着一朵云，
直到它在那天际消失得无影无踪。

谁也无法改变我们生命的底色，
瓦板房里的火塘发出噝噝的声音，
还有院落里的雄鸡不断地高鸣。

其实人的需求非常的有限，
但有时却比登天还难，比如妈妈，
再也无法喝到那透心的山泉。

母　语

妈妈虽然没有用文字留下诗篇，
但她的话却如同语言中的盐。
少女时常常出现在族人集会的场所，
聆听过无数口若悬河的雄辩。

许多看似十分深奥的道理，
就好像人突然站在了大地的中心；
她会巧妙地用一句祖先的格言，
刹那间让人置身于一片光明。

是她让我知道了语言的玄妙，
明白了它的幽深和潜在的空白，
而我这一生都将与它们形影相随。

我承认，作为一个寻找词语的人，
是妈妈用木勺，从语言的大海里，
为我舀出过珊瑚、珍珠和玛瑙。

（以上二首选自《作家》2017年1月号）

如　果

如果你曾经
美丽无比
那就让这一切
成为我的回忆

如果离别后
你真的有那么多不幸
那就请到我的灵魂里
寻找一个
安静的角落
如果因为过去
那就伤心地哭泣
无论你怎样
捶打我的肩
我都不会介意
如果有一天
你动人的眼睛
已经由于年老而干枯
你就让我望着你
在冬天故乡的小河边
经过长时间的沉默后
说一声：记住吧，我还
像昔日那样爱着你

（选自《吉狄马加自选诗》，云南人民出版社 2017 年 4 月版）

天　堂（三首）

叶延滨

天鹅飞翔

天鹅死了，死天鹅让我知道
风是多情的，多情的风有温度
有温度的风正温柔地撒动
天鹅渐渐没有温度的羽毛

比风更有温度的手指
捏住鹅毛管削成的笔
这支被风抚爱了一生的羽管
纸上留下了风的影子

风的影子就是灵魂的影子
影子在文字里挑出的衣裳那是诗
比手更有温度的诗正托起我
说，飞一次吧，哪怕在梦里飞……

天堂

天坛是皇上祈天的地方
也是我通常散步的去处
天坛的麻雀说，天坛就是天堂

人手上没有弹弓
因为弹弓在这里会引来罚款
肥猫比胖人更懒

天坛是皇上祈天的地方
也是我通常散步的去处
天坛的松鼠说，天坛虽是天堂
天堂里过日子也辛苦
活一辈子了，吃食还要用嘴啃

天坛是皇上祈天的地方
也是我通常散步的去处
天坛的野猫说，天坛算是天堂
在这里会幸福地老去
只因身边一切比你更老……

天黑了

天黑了，太阳下山不是天黑了
乌云如涌遮住月亮也不是天黑了
大风吹断了路灯吹落了星斗
也不是天黑了，天黑了是你自己
你拉上窗帘，灭了灯，关了手机
再闭上眼睛说声：天黑了！

天黑了，被人诅咒不是天黑了
无声申诉无人理睬无处说理才天黑了
没有人信你的话，你天黑了
看你像看透你是骗子，真天黑了

躲着你像躲着一个怪物，你的天真黑了
天黑了？自己喊一声，别怕——

闭上眼睛，去做一个梦
梦里拿起一支笔，蘸着黑天的墨汁
写一句，东方欲晓……
有人大笑，抄袭！啊，你被叫醒了
醒了就好，就对自己说——
就不信这黑了天，从此不再亮？！

天会黑，黑了天，黑了也还会放亮
只要推开心窗，不怕没阳光……

（选自《草堂》2017年4月号）

疼　痛（三首）

赵丽宏

我的影子

如果你问
最忠实的朋友是谁
我的回答
是自己的影子

影子永远跟着我
不管是贫是富
不管是悲是喜
不管是在繁华之地
还是在荒凉的沙漠
无论走到什么地方
影子总是黏在我脚下
不离不弃

据说人鬼之间的区分
就看身下是否有影
人有影子相随
鬼总是孑然一身
影子长得什么样
我却说不清楚
有时他会变成巨人
映衬着我的渺小

有时他也会变得很小
小得就像是我的鞋底

我背着亮光行走时
影子在我面前晃动
我迎着光明奔跑时
就看不见他的踪迹
我在黑暗中寻觅时
影子便悄悄逃遁
只要找到一线微光
也就找回了自己的影子

是的，我最不熟悉的
其实也是自己的影子
我的影子
你会悲伤吗
你会思想吗
你会不会对我微笑
会不会和我一起流泪
影子永远沉默着
沉默得让我哑口无言

如果这个世界人鬼不分
还好有影子
我会避开那些无影之鬼
只和有影子的人交往
影子也会以他的沉默
在浮光掠影中提醒我
你是人
就要像人的样子

疼 痛

无须利刃割戳
不用棍棒击打
那些疼痛的瞬间
如闪电划过夜空
尖利的刺激直锥心肺
却看不见一滴血
甚至找不到半丝微痕
说不清何处受伤
却痛彻每一寸肌肤
从裸露的脸面
一直到隐蔽的脏腑

有时一阵清风掠过
也会刺痛骨髓
有时被一双眼睛凝视
也会如焊火灼烤
有时轻轻一声追问
也会像芒刺在背

我时常被疼痛袭扰
却并不因此恐惧
生者如此脆弱
可悲的是生命的麻木
如果消失了疼痛的感觉
那还不如一段枯枝
一块冰冻的岩石

即便是一棵芒草
被狂风折断也会流泪
即便是一枝芦苇

被暴雨蹂躏也会呻吟

X光片

光束无形
穿透肌肤
越过骨骼
攀援每一根血管
检索每一个神经

只听见轻微的声响
如神手叩门
是光的指痕
光的触摸
瞬间弥漫我的身心

一张透明的胶片
在灯下显形
灵肉的秘密
黑黑白白
定格于斑斓光影

睁大眼睛
让瞳孔融化于胶片
却看不透黑白世界
蠕动的脏腑已冰封
温热的鲜血已凝滞

医生说
这是你最真实的留影

（选自《作家》2017年8月号）

秋风起

曹文轩

秋风起，草木黄，
弯弯月下雁一行，
夜半一声好恓惶。

春去春又来，
秋来秋又去，
那人儿不知在何方。

风一天，雨一天，
鼓一遍，锣一遍，
泪眼望，一条大路依旧空荡荡。

云散去，念不断，
坐村头，倚桥旁，
却听得天边有人唱。

草也唱，花也唱，
音还在，人无影，
愁煞了一个望断肠。

问月吧，月不知，
问鸟吧，鸟不晓，
不知不晓那人儿却来入梦乡……

（选自《人民文学》2017年第6期）

双星曜我（二首）

莫　言

最是那一低头的温柔

——想念勒·克莱齐奥先生

勒·克莱齐奥已经是古稀老人
到高密东北乡来看我父亲
我家门楼低
他进门时必须弯腰低头
记者抓拍了这张照片
题名“最是那一低头的温柔”
那天真冷，什么莲花也得冻死
我父亲耳聋，听不到我们说话
只是一个劲儿问我们：吃了吗？
他送我父亲一条围巾
几天后父亲转送给我
我围着去开会
有人说老莫的围巾是名牌
我父亲满面笑容
这是最热烈的欢迎

老勒站在我家猪圈东侧
手扶着墙

满面忧伤
也许仅仅是惆怅
万里之外的贵客
可不能让他饿着
我们准备杀猪款待他
他脱下棕色皮衣
戴着貂皮领子
他非要将皮衣送我不可
我也没有客气
我找了一件棉袄送他
民国初期的东西
但他穿不进去

一匹矫健的白马奔驰而来
蹄声清脆，铃声叮当
西边是幽暗的山影
东边是初升的太阳
老勒纵身上马
大吼一声
一头金发，漫天朝霞
马蹄腾空，彩云如画
去福建，他说
与那个梦见雪的女孩见面

（选自《人民文学》2017 年第 9 期）

写诗是酒后爬树
——献给特朗斯特罗姆

哦，特朗斯特罗姆

如果我敢说你是我的朋友
那我等于自己找死
哦，特朗斯特罗姆
如果我说读过你的诗
那我等于挖坑埋了自己
好东西人人喜欢
最好离着远点儿
见了皇帝老婆叫大姑
呸！你也配！到一边凉快去
哦，特朗斯特罗姆
你的名字
像一串冰糖葫芦
“醒来是梦中跳伞”
写诗是酒后爬树
爬时浑身发痒
羽毛快速生长
爬上树梢变鸟
飞到宇宙深处
那里有很多左手琴谱
当那个被老陈醋烧坏心的秃头歌女
在雪地上裸身打滚时
当那个被五粮液灌醉的目光如鹫的女人
在学院门前抖着翅膀撒泼时
当他们把欲望包装成理想时
当他们把谣言重复成真理时
当我孤掌难鸣有口莫辩时
特朗斯特罗姆说：
这是一个很好的演讲，我喜欢
有一位瑞典画家为我画了一幅肖像
面孔是我，身体是鹿

仿佛一个约定
或者是一个暗示
雪原茫茫，鹿蹄留下的踪迹
是最好的诗
你坐着轮椅
出现在大厅里
你的威仪胜过国王
人们争着与你照相
你不言不语
白发凌乱，目光忧伤
我站在你轮椅后留影
我说的都是真的

（选自《人民文学》2017 年第 9 期）

长平之战纪念馆（外一首）

黄亚洲

它就是发生了
秦军活活坑死四十万赵兵
一个血做的太阳，被整个儿埋在了地下
现在明白了吗，晋东南的秋天为什么这样红

高平古称长平，历史这样评价长平之战：
古代中国人互相残杀规模最大、战况最惨的一次战争

秦统一天下，一路记录的，都是血书
中国人的血比较廉价
中国人渴望统一
中国人解渴的饮料之一，是血

那一天，白起大将杀赵俘四十万
现在我面对的，就是
尸骨坑中姿态各异的白骨

我注意到许多头盖骨都是破碎的
不知为刀所砍还是为戟所击
但是里面的思想，好像还没有死尽，所以
他们两千年之后，集体出土
做无声的抗议

血做的太阳
需要日出
因为有些东西，没有死尽

无锡，寄畅园

颐和园里的谐趣园，就是这个园子的高仿版
乾隆爷南巡六次，必来此处
加上他梦中住宿的，那就不止六次了，因此
他下旨仿建，他流在枕巾上的
那些多情的眼泪
要在颐和园内，养活南方的鱼

我怀疑他是在思念怀抱琵琶的江南女子
那些女子就像此处的亭阁一样腰肢纤细
太湖石一样通透婀娜
水一样瘦
琵琶上流过金鱼，我能听见

乾隆爷的“谐趣”，必定与人有关
这里曲曲折折的“八音涧”，淌的全是吴侬软语
这就大饱皇上的耳福了
他这才恍悟女人真是水做的

他夜寝于这里的二泉书院
大厅有匾额“君子堂”，可我要说
谁知道谁是君子啊
皇上，他也可能一肚子坏水

这股坏水，就引入了京城的颐和园，养鱼
养南方的鱼
北方的这位喜搞“文字狱”的圣上，同时
为人性深处的吴侬软语，神魂颠倒
他如此“谐趣”，相得益彰
叫人无言

（选自诗集《路迢迢水长长》，团结出版社 2017 年 3 月版）

绝　响（三首）

李小雨

天长地久

那默默的凝视将成为永恒

泥土深广，时间似水
绵长的梦想
成两座山峰
早已不再寻找，各自
只静静地坐看那些
握不住的往事
像漂浮的云影

天空低垂
两扇门，却永不能合拢

连　词

哦，你跳来跳去的小小连词
火焰的连词，精灵的连词

爱和被爱
伤口和心

微笑和嘴唇
谜语和等待
你任性的选择让我欢乐又悲哀

在飘忽不定的爱情之上
你构筑神秘的船和桥
你是主宰

惊慌中失手打碎了语言的金链
那些碎片在瞬间失之交臂
啊，该怎样去解释
幻境和真实
水和火
道路和断裂
永远和不再

悬　念

电话突然中断　成为悬念
他的地址变了　成为悬念
下雨时他带伞了没有　成为悬念
他赶上了飞机没有　成为悬念
他在另一片云彩下生活得怎样　成为悬念
他是否还会回来
能否见到我
我们还会有今生吗？
都是悬念

声音的悬念

面孔的悬念
心跳的悬念
命运的悬念
我和他的悬念
四周人群的悬念
泪水的悬念
微笑的悬念

一万种未知的感觉
悬在头顶
悬念是寄生的
它顽强的根总扎在
一个人的雨夜或梦中
它靠回忆的幻想活着
为另一个人开淡淡的花

它隐露一点美丽的红
是相思还是野花或是流星
它诱我失眠一生咀嚼一生猜测一生
编织最凄美动人的爱情故事
像一个吝啬人聚拢财宝
在没有底的口袋上
编了又拆，拆了又编
包扎我不安的伤口止我眼泪的血又撕裂我的心

它是影子、永不散去的雾
失掉的光、没有落地的球
它是宿命又比命运更值得珍爱
它是隐藏的另外一些东西
它使所有的人们

一半在地上
另一半在空中

惊惶而又甜蜜地
我，他，人们
有无数结局却又永无结局
如此。悬念了一生
那殷殷切切丝丝缕缕的爱
已成为我一生的大爱
使我负重

是谁抓住悬念轻轻一提
提起来的
是整个人生

（选自《红纱巾——李小雨诗选》，作家出版社 2017 年 4 月版）

在先贤雕像前（外一首）

峭　岩

在泥塑里，他们还活着
韩愈，张九龄，刘禹锡，苏轼，
米芾，杨万里，文天祥……
这些拨动山水云雨的圣贤
站成历史的星辰，眺望和沉思

他们手执神灵的拐杖
和山并肩，与水相依
无数脚步与瞻仰的目光
从春走到秋的深处

本来是我来拜望他们的
现在却被他们观览
那目光，直射向我的卑微
击中我的要害，我急忙抽回
我诗歌的苍白，掩藏我的身影

在巨人衣襟的袖口
我俯身拾起语言的珠玉——
“春江水暖鸭先知”
“旧时王谢堂前燕”……
它们如星子般落下来，砸痛我的脚根
我决然带它们回家——

那将是我的诗歌过冬的口粮

雨中，船上畅饮

情，在雨中烧着了
雨，在情里更急了
那酒，紫红，浓重，馨香
它不是吴刚捧出的桂花酒
它是姜林捧出的桂花酒
我断定它酿了三十个春秋
今天，它端在北江浪之高
举在九嶷山之巅
送进诗歌的嘴里，醉倒千重浪峰

透过酒杯的明翠
我依稀看到那壮怀的身影
我们都在酿一壶老酒
用桂花，用语词，用泪水
酿给爱人，酿给朋友，酿给不老的诗歌
这上好的老酒，浸润着人间大爱

雨急了，心动了
船又行，景更美……

（选自2017年8月30日《人民日报》）

蹈海索马里（长诗节选）

王久辛

5

起风了　浪大了
索马里海上的明月
依然在波涛中踊跃
像起伏变幻的白色纱巾
却又是一望无际的银辉　在荡漾
这里向东是阿拉伯海
向北是亚丁湾　穿过红海
再往北　经过苏伊士运河
进入地中海
南岸是非洲　北岸是亚欧大陆
沿地中海西行出直布罗陀海峡
就是大西洋而索马里半岛
岂止是非洲之角
我宁愿把它看成是通向世界的
唯一的天梯　而那精神的
喜马拉雅险峰就是
摩加迪沙——这个人类之痛的针尖

6

现在　这个针尖上
生活着一千六百万人口
公元七世纪阿拉伯人就移居此地
后来英国人法国人意大利人

等等　都曾到这里反客为主
这个以产香料闻名的邦特古国
像非洲大陆上所有的土地与人
都曾有过被奴役的命运
索马里人也不能幸免
那不仅是脚掌被刺的疼痛
而是你明明吃着我的
穿着我的睡着我的房子
拿着我的珍宝还要说我
亏欠你的　并强迫我
必须终生为奴　世袭为奴
以偿还亏欠你的　无尽的债务
你们是我的祖宗吗
我们有什么义务
必须接受你们的压榨与欺凌?

17

在索马里　在摩加迪沙
五星红旗——就是通行证
始终代表并象征着和平
只要看到它索马里人即刻冰释
所有误解道路畅通无阻
作为中国军人或中国公民
只有在此时此刻才能体会
一个强大的祖国她之所以强大
仰仗的绝不仅仅是物质财富
还有精神还有令人信赖的善良和无私
那才是赢得尊重与敬仰真正的力量

18

然而　索马里今天没有安全区
子弹和弹片不仅有选择的目标
还有很多盲目的像失魂落魄的飞鸟
出人意料地瞎撞内战早已结束
但不间断的袭击与战争接二连三
自由变成了随意
恐怖变成了主义
子弹完全失去了目标
枪也彻底变成了玩具
还有什么是不可能的呢
所有的匪夷所思
在这里都变成了家常便饭
在索马里在摩加迪沙——危险
危险就在纵向的时间
与横向的所有空间里
你不要说生活一年
你只要生活一天
半天　一小时
就足够了
就足以
体验
那
个
危险无处不在的国度
即使 即使最纯粹的宗教
也难免被恐惧笼罩
被迫武装起来
在这里

恐惧给恐惧的人们
制造着恐惧于是恐惧便成了
这个国家这个城市的灵魂
再于是你让我恐惧
我也让你恐惧
一颗又一颗恐惧的心
挨着心的恐惧恐惧便成了生命
生命的恐惧在恐惧的生命中熬煎
生不如死锻造了视死如归
含笑九泉 哪怕是妙龄的少女
也早已忘记了甜蜜的爱情
和月光覆盖下的古都
以及古都面朝大海的旭日东升……

24

在悲悯与救赎之间
张楠觉得自己必须留在摩加迪沙
必须和他的战友——就是大使
和我们一起奔走在刀刃上的枪林弹雨
针尖儿上的恐怖袭击去履行
人道主义义务代表祖国
甚至代表人类
和索马里难民一起深入恐惧
接受煎熬　虽然这里并不缺他这一个
但张楠的决心是今生如能在这里
在这个刀锋上的国度——索马里
在摩加迪沙——这个针尖上的首都
奉献自己才不负中华儿女
热血灌顶的血肉之躯
才不负大使所托之光荣

才是“难酬蹈海亦英雄”……

33

2015年7月26日下午四点零五分
半岛皇宫酒店卡塔尔埃及肯尼亚
及中国大使馆一切如常
那是当地时间也是当地的下午
气温很高酒店内的
四个国家的使馆冷气开放……
突然　一声巨响——气流
把所有窗框击飞将所有天花板
击落 酷哩哐啷哗啦啦——钢架吊装的
天花板与飞进室内的窗框
比子弹比弹片更凌利凶残
使馆工作人员　伤亡是绝对的
中国三伤一亡　报道说
一辆自杀式炸弹袭击了
半岛皇宫酒店张楠——我们的战友
在袭击中不幸牺牲
在这里所有的不幸都包含着必然性
而所有的灾难
都源于自然的极端与人为的极端
大海极端　有了海啸
苍天极端　有了暴风骤雨
沉默一如泥土的大地仅仅极端了
一下子——就有了山崩地裂
而人的极端呢放眼世界
从法国遇袭到阿富汗暴恐
从叙利亚动荡到非洲的难民潮
人类如果没有获得

洞穿“极端”的“第三只眼”
我们就无法进入恐怖世界的内部
从而找到 起于青萍之末的根源
我们的好兄弟——张楠的献身
就毫无价值……

跋

谁也不愿在吼狮面前舞蹈
我不愿蹈海于针尖上的索马里
我有两万两千名战友
在十支联合国维和部队里战斗
加上张楠已有十七位中国军人的亡灵
在世界各地的动荡中魂游
他们与无辜而亡的平民一起
在地下祈祷和平
为我们活着的人类呼唤爱
他们像一根根针扎在我们的心上
流出的第一滴血洒在了哪里的土地
哪里的土地会为他们长出橄榄树
我不知道我知道我们还会流血
虽然不知道
流出的最后一滴血将洒向何方……
为此我将继续蹈海于针尖
蹈海于动荡的世界因为我是军人
是酷爱和平与维护和平的——中国军人

（选自 2017 年 7 月 17 日《解放军报》“长征”文学副刊）

三沙笔记（二首）

李　琦

大海苍茫

大海苍茫，一切道路在此消失
而万千念想，迅速地聚集
我一个人变成了浩大的鸟群
鸣叫，盘旋，飞舞，以海浪为坐骑

一个小时前，我看见镜子中的自己
尚有自怜自艾，唏嘘物是人非
而此时，海风浩荡，吹开了胸襟
变老或者变丑，多么微不足道的事情

你看这面海水，它如此壮阔，生生不息
海浪拍打堤岸，那节奏和姿态
初看是单调的重复，却如此经得起凝视
那海浪一波一波，淘洗着自己
它们见过风暴的阵势，经历过惊心动魄
它们亘古以来，掌握世界的深邃和神秘
此刻，海水心平气和，优美而舒展
这气度来自万古之蓝，来自
最为浩瀚的厚重和无与伦比的魅力

三沙的位置

天之涯，海之角
一个蓝得透亮的地方

城市鸟群里一只最小的麻雀
五脏俱全，柔肠百转
它的飞翔和栖息事关重大
关联着广袤国土上的每一处屋檐

每一滴海水都有重量
对于内陆的祖国
它是伸手要搂住的远方

来此者，知道什么是人生初见
会经历无言的陶醉和感动
离开后，会懂得什么叫阔别
长久地陷入回忆和遥想

（选自《诗刊》2017 年 7 月号上半月刊）

重庆山水（二首）

傅天琳

去奉节

骑一匹只吃油不吃草的马，快马加鞭
直下万州向夔州
世上还有什么比奉公守节更好
我要去奉节

胸前缀满果香的奉节
从 80 米提升到 175 米的奉节
朝辞白帝彩云间的奉节
诗歌堆积的奉节

我是顺着长江迎着东方而去的
阳光向我涌来的时候
一种人格喷薄而出，催我去奉节

一个洞一个洞接一个洞
一座桥一座桥接一座桥
穿过恍若梦幻的盖世工程
我勿需修栈道，更勿需暗渡陈仓
一路高速去奉节

右窗有竹枝，左窗

有从楚辞绿过来的水声
一群山峰在白云下奔跑，空气中
居住着阵容庞大的唐宋诗人
赴一场古城的约会
去奉节

在精装的夔州九卷里
四千余首诗词墨香四溢
手指滑过，仍能摸到千年前的体温
白帝诗社站在波涛之上
赐我以早晨最新鲜的版面，等我去奉节

我将穿着登山鞋背着登山包
握着杜甫的诗句去攀登
登高才能望远，最远处是海
三峡之巅红叶如血
去奉节去奉节

古人用过的夔门，一万年又一万年
还是那样壮。落日坐过的地方
一万年又一万年，还是那样烫
去奉节，不能不去奉节

我相信一座山有了爱情
就有了仰望的高度，一条路
有了文化，就有了历史一样悠长的目光
瞿塘峡口，一船银河之星
闪烁在奉节，必须去奉节

奉节有很多树，而我就是种树的人

奉节有很多诗，而我就是写诗的人
行李箱已经装满山水
一草一木与我息息相关
怎么能不去？我举手加额去奉节！

柔　竹

高山之巅，大风口
松树柏树樟树，一切树种
让位于柔竹

有着少女般腰肢和纤纤手指的柔竹
富有艺术气质的柔竹
永远16岁的芭蕾的柔竹

她们的梦是轻飘飘的
她们的行走是小碎步的
她们的跳跃与飞翔是没有重量的

风嘶叫，那样尖锐而且凶狂
她们没有眼泪
不懂得怯懦和退缩

她们对抗风暴的唯一武器是柔
柔到韧的程度。八级大风中
她们以无数个高速旋转
将舞蹈推进高潮

（选自《人民文学》2017年第5期）

天边的白马（外一首）

曹宇翔

远远地向我们倾注，白马
天边的白马，青青草原
传说的森林，这是早晨还是黄昏
淡淡远山平静柔和
湛蓝的天空悬挂头顶
白马，两匹嬉戏的白马闪耀

我也把你们称作兄弟
当放下劳累不堪的满把鸡毛
解下梦魇佩戴的黄金
认出故人的大地
年年相似的春风
数一数，我们还剩多少力气
永不归来的事物
任双手伸出想象之外
生命之外，也不可触及

现在我也把你们称作兄弟
雪白之马，飘忽之影
映着拥挤的人群凄惶的面容
什么能帮助走出心灵之窘
不可触及啊，红尘深处
谁能眺望一眼，享受一生

远远地向我们倾注，白马
我，我们，止住了孤单脚步
好汉，过客，久经跌打的人们
这时我们摘下各式面具
朝向滚滚而去的年华
迎面而来的岁月
这时，我们不妨一哭

伟大的人类吹着口哨远征
天边的白马，像一个丢失之梦

（选自《诗选刊》上半月刊 2017 年 5 月号）

口 琴

这是口琴的声音
岸柳轻拂，昆玉河灯影缤纷
我慢慢停下中年的脚步
驻足河畔，屏息倾听
昨日，一下子很近很近

我十七岁，乡村教师
那个长我一岁的女知青
又喊我去官庄看电影
又让我一口气背下三十七首
毛泽东诗词，再背样板戏台词
月光田野，两个人的乡路
村头知青院里谁吹口琴

寂静乡村之夜，苦闷的青春

我十八岁，一个新兵
朝阳区那个叫 851 信箱的地方
又是黄昏。年轻的排长
有何心事，夕阳下
站住，又吹起口琴
是因为婚事，还是惦念父母
平时有说有笑的排长
那一刻，多么落寞的眼神

我二十一岁，一个战士
借调王府井一家报社帮助工作
他是一位孤独的老人
晚饭后，时常吹一会儿口琴
黄铜皮口琴，手帕仔细包着
我是唯一听者。他说起
他的大学生活 ，“右派”生涯
过去的家，下放的农村

哦，这是口琴的声音
谁还吹奏这种已不多见的
简单乐器，像回忆，憧憬，思念
像在人生旷野
一颗心，告诉另一颗心

（选自《海燕》2017 年 8 月号）

温　暖（外一首）

车延高

由了风去，玛尼石走不动时
转经筒也会老，放弃轮回
听一部经书唱不倦的歌

哈达还是雪花绣出的白，高过额顶
雪山就从骨头里抽出一根根丝

当你温润了，柔情似水
把几朵白云别在胸前
天就低
我不抬头，都藏不住仰望

倘若云层上再跳出一瓣莲花
冰清玉洁和向往温暖在半空里皈依
生和死一定抱头痛哭

这时你十八岁也好，我三千七百岁
也好
该自信了！还有什么看不破

没有花开万年
桃红柳绿不等于风不闯祸
白发苍苍也不责怪花容失色

多好啊
格桑花开过了藏红花开
妒忌的雪花只管去冰川贴封条

一只蜜蜂傻乎乎的，向最后一朵花
倾诉

花也笨，不会察言观色

（选自《草堂》2017 年第 10 期）

拴马桩

拴着一条路，拴过桀骜不驯
拴过一只军队或商队，拴过皇上的坐骑
有时，拴一段历史
拴住败走麦城的马蹄
遗憾的是
拴不住霸王的脾气
拴不住英雄和美人爱过的江山

（选自《解放军文艺》2017 年第 8 期）

青藏铁路（外一首）

谢克强

是谁铸造了这把钥匙呢
是谁铸造了这把锃亮的钥匙呢
穿云破雾　直插云天

它轻轻地旋转了一下
西藏的门就开了

酒　泉

十月的雪霜　如清冷的月光
压低大西北夜的呼吸　却压不住
我远来的贪婪

举起夜光杯
我舀了满满一杯泉水
遥向当年霍去病征战的沙场
一饮而尽

只因　这是守护阳关的
一杯祝捷酒

（选自 2017 年 5 月 15 日《扬子晚报》）

在开封（二首）

梁　平

邂逅一只高跟鞋

八朝帝王抬举的开封，
曾经的江山落了轿，
一只高跟鞋挑开布帘，
跨进我的年代。

我没有值钱的砖瓦，
没有上了年纪的祥符调，
没有马匹可以把她掳上马背，
成为我的压寨。

岳王庙比我的想象潦草，
岳飞依然怒发冲冠。
跪在秦桧身边的那女人，
身子被指责戳破，
一朵败菊在高跟鞋过后，
盖在伤口上。
还原的清明上河图，
高跟在石板上踩踏。

宋河粮液开了封，
一条大河汹涌，

杯盏里注释的汴京，
都是53度的现代汉语，
我的四川，她的河南。

朱仙镇的菊

云朵一样的轻，
乘坐第三张机票，
飘落在朱仙镇血红的年画上。
我虽有诗书，
却一介草莽，
被年画上的油墨，
排挤在街头。
我在街头看见了菊，
亭亭玉立的菊，
活色生香的菊，
铺天盖地的菊，
把我包围。
最肥的那一朵皇后，
咄咄逼人，
她该是哪个帝王的生母？
我想脱身而出，
找不到缝隙。
刀枪早已入库，
身上的盔甲长出花瓣，
此刻我明白，
我在朱仙镇入赘了，
以后，记得来开封看我。

（选自《中国诗歌》2017年9期）

在最薄的纸上……（外一首）

华万里

这首诗，让我在最薄的纸上写下最重的字
会有雷声来锤炼
会有闪电来篆刻，会有
大风来传送
因为我心伤，每个字里，都有
一滴杜鹃的血
如铁凝固

不必要

——仿痖弦《如歌的行板》而反其义

乌云不必要
雷霆不必要
情人似的雨滴不必要
泥泞不必要
洞穿水仙球的闪电混淆于茉莉花之残瓣不必要
误爱，泪，刺青玉臂和湿梦枕头不必要

孔雀之不必要
麻雀之不必要
晴了的暗伤即便像薄荷茶不必要

心脏边的雪堆积如山不必要

桃花扇折叠在今年的春天不必要
白狐狸的红玫瑰不必要
口腔里的坟墓不必要，夭折不必要，夜蝴蝶不必要
琥珀错在念珠里不必要
麝香牛、麝香鹿、麝香猫之变味不必要
背叛不必要

既被视为锁孔的肚脐眼卡住钥匙不必要
双乳峰的迷惑不必要
坏了的天空很快就会修理好不必要
你要忘记所有的花卉不必要

（选自《青岛文学》2017年7月号）

诗歌被生产出来（外一首）

陆　健

诗歌都是被生产出来的
虽然不知什么人刚才
狠狠敲一下我的脑袋
我仍然坚持认为

我的师傅都不高兴了，问我
我是怎么教你的?
我嘟囔一句。认了错
但是没法改。师傅一不高兴
我就想起很多高大上人物

比如李白——想起诗人
我总是先想起他——他
消耗美酒，生产许多
高纯度的诗句，那种场景
汪伦亲眼见；比如苏轼
“把酒问青天”，然后
让后来者把诗句里的月亮越描越圆

春节前落雪像是满天的车票

这几天又下雪了，这雪

好生让人产生联想
像母亲的呼唤一般
轻微的声音。母亲呼唤儿子
又怕声音大了为难他
母亲把思念压到最低最低

男儿志在四方的我
去追求就像去铤而走险
妈妈，这话我从没说过
我只说，钱不好挣，我
只要出去，就能养家

就能让我们的明天
和今天不一样。我除了
欠亲人的债谁的债都不欠
妈妈，我会得到
一张火车票的眷顾
家何遥远，梦何长长

（选自《诗林》2017 年 5 期）

金子海（外二首）

马　丁

金子海不是金子的海
是比金子还要金贵的
水的湖泊，被湖泊滋养着的
八百里瀚海一方绿洲

风吹草低
远处是羊，更远是马
羊是云朵似的白羊
马是很多人梦中的白马
谁与媲配

不是风在吹。是绿衣红冠的
芦苇在潮涌。不是芦苇在荡
是过客一厢情愿的微醉
以至眩晕

是风在吹。蓝天白云下
这绿衣红冠的精灵
只接受水的滋润
风的日夜抚爱

是风在吹
水在暗流
金子海

塞尔维亚：细雨中的鸽子

细雨中：成群的鸽子
觅食在休闲广场；七八只
在旧城不高的楼檐咕咕眺望
紧随你左右脚踝的
是两三只褐头精灵：拾级走下
大剧院台阶，过斑马线
时而侧昂起不卑不亢的头颅
旋即又迂回在人群中
直到 KASINA 酒店门庭
停步：像温文尔雅的侍者，或
邂逅又作别的故友

细雨中：这些飞过硝烟的生灵
忘记了硝烟。细雨中
露天咖啡店座无虚席
信步的帅男靓女拐进土耳其公园
一杯热饮，一块汉堡

细雨中：唯你
手拎一把多余的伞

我站在铜像左侧合影

纪念馆门前广场。静。
硝烟过后的静

血色花绽放的静
没有雀舌的静

洁净如乡村庭院
一只鸽子疾走，轻如幽灵
一只鸽子扑棱棱低飞，又落下
不愿飞出单薄又低矮的墙头

安眠在白色花岗岩后
喜爱珍藏矛枪
喜爱珍宝 喜爱美酒
敢于向着强者说：“不！”
一块坚硬的黑铁啊

雕塑家安东·奥古斯汀契奇
你让我站在铜像左侧合影
这里是后花园。这一天
是中国的10月1日

（选自《青海湖》2017年第5期）

老子和庄子（二首）

张庆和

老　子

老子没有老
是一个水字
滋润他
鲜活了两千多年

老子不会老
地球上只要有水
他就会继续鲜活下去
所以　敬重老子
就要敬重水　敬重
每一滴微小的水

只有把每滴水的事情做好了
天下的水　浩荡的水
从南方调到北方的水
所有四面八方的水
才会洁净
才会清波潋滟
才会碧水连天
老子的主张
才会　常亮常鲜

庄　子

梦见自己是一只蝴蝶
情不自禁地动了下翅膀
那翅膀扇起的风
一吹就两千多年
直吹得梁祝化蝶
至今还舞蹈着
仰慕蝴蝶的一群人

其实
那翅膀扇动的还有距离
这里一扇　那边
甚至十万里之外
一场风暴会掀起巨澜

也许庄子的心情没这么复杂
他一生逍遥　轻盈自如
所以　写给庄子的诗也不能沉重
否则　会
让庄子的思绪很累

（选自 2017 年 3 月 17 日《中国艺术报》）

实 力

S H I L I

鼓浪屿的琴声（外二首）

李少君

仿佛置于大海之中天地之间的一架钢琴
清风海浪每天都弹奏你
流淌出世界上最动人的旋律

这演奏里满是一丝丝的情意
挑动着每一个路过的浪子的心弦
让他们魂飞魄外，泪流满面

确实，你是人间最美妙的一曲琴音
你的最奇异之处
就是唤起每一个偶尔路过的浪子
不由自主地回想起一生中最美妙的经历

然后，他们的心弦浪花一样绽开
在这个他们意想不到的时刻和异乡

在北方的林地里

林子里有好多条错综复杂的小路
有的布满苔藓，有的通向大道
也有的会无缘无故地消逝在莽莽荒草丛中
更让人迷惑的，是有一些小路

原本以为非常熟悉，但待到熬过漫漫冬雪
第二年开春来临，却发现变更了路线
比如原来挨着河流，路边野花烂漫
现在却突然拐弯通向了幽暗的隐秘深谷

这样的迷惑还有很多，就像头顶的星星
闪烁了千万年，至今还迷惑着很多的人

西山如隐

寒冬如期而至，风霜沾染衣裳
清冷的疏影勾勒山之肃静轮廓
万物无所事事，也无所期盼

我亦如此，每日里宅在家中
饮茶读诗，也没别的消遣
看三两小雀在窗外枯枝上跳跃
但我啊，从来就安于现状
也从不担心被世间忽略存在感

偶尔，我也暗藏一丁点小秘密
比如，若可选择，我愿意成为西山
这个北京冬天里最清静无为的隐修士
端坐一方，静候每一位前来探访的友人
让他们感到冒着风寒专程赶来是值得的

（选自《长江文艺》2017 年 7 期）

新疆笔记（三首）

曲　近

喀拉峻：蓝色勿忘我

一朵、两朵、三朵……
一簇簇蓝宝石一样的勿忘我
草丛中闪着荧色光泽，小小的，在风中摇曳
它们高贵、优雅、从容、纯洁
为了等待爱情到来，等待心颤的一刻
不计较被谁青睐，也不在乎被谁遗忘
自然地开，自然地谢
忠诚于情感成熟的季节
并感激山风的抚摸
之后，就举起花蕊迷人的面靥

尽管它们星星点点，小如颗粒
但颜色让人过目难忘，穿心而过
牢牢地记住这深入灵魂的蓝
浸透时空的蓝，幽深如梦的蓝
草海花丛中散落的蓝宝石啊
让谁想起了初恋，想起了盟约

脚步声来了又去，它们淡定如初
依然如故地等待着，等待着……

霍城：紫色薰衣草

来自法兰西普罗旺斯的友谊大使——
千里迢迢移民而来的高贵植物
扎根于塞外江南的伊犁河谷
这紫得令人沉醉与眩晕的颜色
这为爱情蒙上梦幻面纱的草
让每一个面对它的人都心跳加快，血流加速
这令人深陷耽于幻想不能自拔的蓝紫
色谱深不可测，每一瓣都放飞迷人的花语

以自身的小美，铺陈人间大美
香味像分别的恋人，久久不愿离去
伊犁河谷，盛满了薰衣草浓郁的香味
相信爱情会等来一个传奇
临别时，不摘花，不折枝，不采籽
只愿长久地品味香遇、香识、香恋、香依

不用慕名寻找，只须闻香而至
多少人走了，心却沉没于此

喀纳斯：月亮湾

一轮月亮掰两半
左一弯，右一弯
你照你的镜子
他洗他的脸

阳光抹一笔靛青

再抹一笔淡蓝
太阳它不住手
湖水就不停止变脸

能把人惊呆的
是这湖面的魔幻
看一眼就挪不动步了
再看一眼就被淹没

人上山，月下凡
一弯醉月摇不醒啊
等谁千万年

（选自《中国诗歌》2017 年第 3 期）

敬亭山及其他（三首）

杨志学

为什么要去敬亭山

去往敬亭山
就是指示一条回归的路径
回归自然　回归山林
其实，最重要的是要回归到
一个人

人，不可能
像一只鸟儿那样地飞
所以不是回归到鸟
人，也不可能像
一片云那样地飘
所以也不是回归到云

人，要回归到你自己
人，要回归到一个人

从东晋陶渊明所言
性本爱丘山
到现在我们所说的
不忘初心
这之间，有没有
必然的联系

敬亭山不过是一个隐喻
人从哪里来
人又到哪里去
想好了，其实
不去敬亭山也可以
就像虔诚的穆斯林
不去麦加也可以朝圣
就像心中有佛的人
在哪里都可以得到归依

当然，去一下会更好
实地体验或许
会带来意想不到的欢喜
去一趟敬亭山可能
会帮助你找到真正的自己
敬亭山是一个大本营
不管出去多久，走得多远
最后都要回归
也随时可以回归
回归到自己
回归到一个人

人不可能像云一样地飘
但可以像云那样
时而散，时而聚
人不可能像鸟一样飞
但可以像鸟儿那样
自由地来，自在地去……

（选自《上海文学》2017 年第 10 期）

万春之梦

置身于万春镇，感觉有些异样
尤其是到了夜晚，灯光闪烁
恍惚中，我竟然忘记身在何处
——这是巴黎的郊区吗
还是瑞士小镇，被转移了地方？

万春不是梦，而是现实存在
是万春人，在塑造自己新的形象

当然，我也有更高的期待——
万春，可以有借鉴，
但要尽力避免模仿；
可以有形似，但最终
要以神似，超然于外物和尘俗之上

万春，不是把一万个春天
统一为一个模式、一种形象
而是要把整体的春天
分解成一万种不同的模样——
一万个春天，被一万种神韵灌注
发出一万种声音，散发着一万种芬芳

是啊万春，你的梦，人类的梦
永远如影随形，在跳跃，在荡漾
如高空的星辰，一万年
闪耀着经久不息的光芒……

（选自2017年3月3日《光明日报》）

第一步

都知道红军长征两万五，但不一定
都知道红军在于都河畔迈出了第一步

如今说起来似乎有些轻松和眉飞色舞
而当时的抉择，却是多么不易甚至有些痛楚

不知道前面还有多少道沟沟坎坎
清楚的是，必须要摆脱眼前的险滩急流

这是一次又一次血的教训换来的一步啊
这是主动放弃地盘，开始漫漫曲折征程的第一步

今天的于都河，多么清新妩媚，已经
很难想象当年的波涛和波涛上空翻卷的云雾

东门渡口，南门渡口，西门渡口，渔翁渡口……
九个渡口也是很难复原了，但它们可以默默讲述

更有高大的红军出发纪念碑矗立河畔、直指苍穹
像是庄严宣谕：长征第一步，是决定中国命运的一步！

（选自2017年8月14日《解放军报》长征副刊）

黄河壶口（外二首）

冬　青

不因我们来了
一直平躺着的黄河
在临近壶口之处　突然起身
宽大的河流 拦腰折断
泥沙　鱼骨　旋涡挣扎
由暴走改为俯冲
冲决至断崖处
瞬间　冲破了自己

大水袭击了壶口之心
顷刻淹灭了壶口的真相
万世已去　壶口仍在
只是水下的岩石　早已没了棱角

壶口　定有主大势者
一直怒吼在光阴的深处
支撑岩石活着
抵得住怒水的冲刷
岩石活着　壶口便活着
天水翻卷之处　没有死

黄色的稠浆里有石头和吼声

深流坠入深流　波涛埋葬波涛
前路未及探明　便已咆哮直下
它们身体前倾　拱起　冲撞
不惜崩溃和飞逝
以抵御平原的涣散
一切伟大的事物　终是越过折曲
奋力前倾　以死亡获取永生

沉寂的滩涂　是来认领回声的吗
大地深处的悲怆　就要冲出赤裸的胸口了

云冈石窟

云冈是石头的故乡
里边有佛的居所
开山人赐予它慈悲和香火
最小的佛 也是有神性的
他们中的一些
至今隐姓埋名

日后的杀身之祸
或是源自一句含混的口号
那些杀石头泄青春的人
如今已在佛前　起身净手

佛龛空空　神的眼窝凹陷
充满谜一样的忧伤
佛陀悲悯　敞开怀抱
接纳残局和废墟

盛下苦痛　不惜断臂

一只飞鸟　落在石佛的肩上
翅膀下藏着北魏的骨血
它惊诧于满目疮痍　不绝苍生
废墟里有佛的真身　普渡大于死亡

（以上二首选自《扬子江诗刊》2017 年第 1 期）

穿旗袍的上海女人

没有比上海女人更适合旗袍的了
她们离民国的气息和大世面太近
额前没有齐刘海 不梳长辫子
新女性童花式 自然飘逸的卷发
暗地里用了心思的 低低的 不露声色的

上海女人的旗袍上 是绘着白玉兰花的
不似大朵牡丹的奇艳和白底蓝花的素朴
她们是清爽的 甚至是有些清瘦的
素净的 低低的 穿含苞的玉兰花旗袍的
张爱玲一般的 清平简静的

暖意也是干净的 是隐在深处的
即便是爱 也是低低的 本色相见的
你情我愿 无声胜有声的
恻恻轻怨 便是托付了的 爱了的
清坚的心思 全是因了对岁月静好的大信

岁月静好里 也有细碎的作
这作 这爱里的委屈 也是低低的
低低的 不给人家知道
知道了 就不是作了
这样的作 让男人舍不得动气
甚至舍不得执拗 只能低低的 低低地依顺了的

她们有细巧的心思 手也细巧
每一件事 都被打理得带着仪式感的
让男人们也跟着仪式起来
礼尚往来也是素淡的 恰好的 低低的
也低低的 低低地消受繁华 端然无忧色

穿玉兰花旗袍的上海女人
不明艳 骨子里且有事事皆寻常的明鉴
怀着亲情敬意 倾心荡荡的世景之气
不负自己的 清醒地柔顺着这个世界
压得低低的欢喜心 独有的矜持 恍若高花

独有的 总是让人略略牵挂的
叫一声上海女人 也总是有人会低低的 动一下心思的

（选自《上海文学》2017 年第 6 期）

应　许（外一首）

人　邻

春天的事，
神未曾应许，
却在严冬应许了。

离别的事，
神未曾应许，
却在泪水里应许了。

苦难的事，
神未曾应许，
却在死亡到来的时候应许了。

大地上的事，
神未曾应许，
却在天堂里应许了。

神是万能的，
可他也不过是
在能应许的时候才应许了。

汽车到站

汽车到站，拥挤的车厢里，
我看见一只女人的手，
轻轻推着一个男人的背，
推着、跟着，下了车。

那只手，那么绵软，依赖，顺从。
唉，是什么让一个女人
心甘情愿跟着一个男人，
柴米油盐，清水洗尘，白天、夜晚……

我的心里，忽然一阵、一阵哀鸣
——也不尽是哀鸣，
还有一丝、一丝，
我无以形容的悲凉……

（选自《诗刊》2017 年 10 月号上半月刊）

灯亮了，那里将出现什么笑靥（三首）

徐南鹏

刀　记

右手执刀，最容易受伤的
是左手，是左手的五指。因为
它握过右手，也爱怜过
雪天里，他们混在一起
搓着，互相取暖。
或者在夜里，右手前探
左手扶墙，脚步才觉得一点稳当。
刀成为一种命，右手扔不得
也舍不得，左手要么藏在身后
在存在中扮演虚无
要么，像右手当年那样，自己前探
让刀跟在后面

花　记

我把种子交给四方
云南、江苏，湖南或者黑龙江

那里有四种阳光，四种土壤
那里生长四朵不同的花

四种不同的风，轻裹美艳
在山冈上伫望

我骑着崭新的自行车，在福州街头寻访
那四种香，那四个方向

我也在北京巷子进出
下午，城砖变老，道路弯曲

季节模糊，钟声清晰
深处是一滴一滴的痛，和呼喊

或者，我应该把自己留在故乡
水仙生长，冬天恢复忆念

我把旅途挂在墙上
四个方向、四种方式的消失和呈现

我守着黄昏，守着花瓶
灯亮了，那里将出现什么笑靥

剑 记

时间始于火。命也是。
似乎只有一条道路，或者根本就是无声
就是黑暗、沉睡。如此执着。
几乎听不见，一个人对它的吟唱、呼唤和怒吼
谈心也是不管用呵！一颗冷到极点的心。

一幅淡漠的脸色，在夜里，指给自己看。
江湖远，湖水深。命的色再不愿意闪亮。
孤傲高于海拔，无人领会。
独倚黄昏，让风任意吹凉骨头。
让大山在不安中微微摇晃。
而剑依然故我，依然纹丝不动。
像早已脱离消耗、对抗和饥饿
早已满足于晨霜和铁衣
预想的生，是绝望之一景：
一线血光，然后熄灭。

（选自《诗刊》2016 年 7 月号上半月刊）

细　节（外二首）

刘高贵

最先看到的是你的白发
那种白呀　连初雪都显得有些老旧
也是　有太多太多的物事
雪们哪曾经历过

然后　便是你的微笑
你那有些夸张的呼吸
你用中式棉袄紧紧包藏的
那种心跳

我说　真快呀
说着说着都老了

没想到　你笑着笑着
竟哭了

再后来　你留下　我走了
路边的野菊亮了一下　又亮了一下
谁也说不清
那是为啥

是谁在凌晨大声唱歌

是谁在凌晨两点大声唱歌
我不知道　是谁
在凌晨两点的大雾里大声地唱歌
我不知道
可我听得出　他非常投入
并且音色也还不错

但我真没听清
他唱的是什么

我之所以要把他写进诗里
是因为他让我想起了从前
想起了从前的某一个夜晚
我好像也曾这么唱过

可是　我真的有过这样的夜晚吗
当时又唱了些什么

老夫老妻

两碗小米粥　总是
我的一碗稠　你的一碗稀
看电视　你总爱把遥控器悄悄递到
我手里　爱唠叨　但从不计较
我是不是真的在听
总说　我是一家之长
又总爱替家长操心着急

明明是老了　却总在一遍遍追问
难道就这样老了吗
我的回答是　我们没老　我们
只是已不再年轻　就像
老屋那两扇用旧了的柴门
敞开　看到的是对面的沧桑
关上　就一定要相扶相依

（选自《河南诗人》2017 年第 2 期）

冒烟的石头（外一首）

潇　潇

死，有时只是一次暂时的睡眠
我们坐在粗糙的木桌旁
不停地写作，猛力抽烟
像几块冒烟的石头，一动不动

给帕斯捷尔纳克

你曾经热爱的一切
都加深了你老年的疼痛
正如你越来越老，反复听见耳鸣
盼望叶落归根

（选自《天津文学》2017年第9期上半月刊）

春日熊熊（外一首）

安　琪

明城墙外，春日熊熊
我将把我时时燃起的冲动系在一树细碎的梅花上

梅花，梅花，我形不成的字达不到的意由你代替
你白花中秘密的红点，饥饿妇女流不下的血滴。

你来自陌生，来自全新，你来了，此地依旧此地
你并非你。

我闻到不属于尘世的轻香，在雾霾的下午，春日。
你饱含诧异的香冒犯了我所立足大地的污浊
我愧对于你。

春日熊熊，明城墙外
桃花使用穿心术沿街乱跑，桃花总是乱的
被桃花穿过的心患上情绪的冷热病，有时喋喋不休似外婆
有时寂寂寡欢如少女。

老人们有本事在这春日下闲坐，一直坐到春日离去
老人们有本事在这春日下闲坐，一直坐到他们离去

春日熊熊，我体内的病毒又一次跃起
我吞下三粒速效伤风胶囊，被春风伤到的人有着喜

怒，无常的未来。

（选自《黄河》2017年第7期）

在成吉思汗的土地上一切都不可测

天
突然暗了下来
此前还在燃烧的太阳的火球哪里去了
血一样流淌的大团大团云层哪里去了
风猛烈劈下
杨树叶摇摆的幅度有点大了
万物被昏暗披覆了
雨点如巨人的拳头砸下来了
在我们匆匆下车跑向蒙古包的间隙
风掀翻了雨伞
雨包裹了我们
如此短暂的一刻天地骤变
仿佛被成吉思汗训练过的骑兵团
以迅雷不及掩耳之势
洗劫了我们

（选自《上海诗人》2017年第4期）

花与海（外一首）

洪　烛

去年的花在去年开着
说明去年还在，花还在，看花的人还在
看花一朵接一朵地开
中间隔着一片大海

此岸的花变成彼岸的花
说明大海还在，岸还在，看花的人还在
只不过有点分心：一边看花
一边看海

隔着大海看一朵越变越小的花
不禁想起去年：去年多好啊
可以隔着小花看大海

花的香还在，闻到了花香
而产生的颤栗还在，潮汐还在
只不过一层被又一层覆盖

（选自 2017 年 3 月 23 日《中国海洋报》）

巴山夜雨，诗人的心事

长江是父亲，黄河是母亲

半部中国诗歌史，和长江有关
李白、杜甫、白居易，唐诗里的三峡啊

唐诗里还有“小三峡”——
李贺、杜牧、李商隐，就像三峡的弟弟

李贺被叫作小李，杜牧被叫作小杜
至于李商隐，就是他自己
靠写“无题”而出名，成为朦胧诗的鼻祖

我更喜欢那首一点也不朦胧的《夜雨寄北》
读着读着，我就来到巴山
读着读着，巴山就下雨了
读着读着，西窗的烛短了，长江的水涨了
分离的人又团圆了……雨带来幻觉
还是幻觉带来了雨？

李白给白帝城的早晨做了“广告”
李商隐也不简单啊，与巴山的夜晚同在
他是巴山的形象代言人

不管上山还是下山
他走到哪里，哪里就会下雨
不管写诗还是做梦
雨下到哪里，哪里就有团聚

李白与李商隐像一对兄弟
巴山与蜀水像一对情侣
夜与昼，晴与雨，光与影
都被一封匆匆写下的信连在一起

这封信，前天被雨水打湿了
昨天被江水打湿了
今天，又被泪水打湿了
让你分不清：字里行间，哪是写信人的泪水
哪是读信人的泪水？

（选自《绿风》诗刊 2017 年第 1 期）

在一首诗中夜行（外二首）

唐　诗

在一首诗中夜行，2015 年 4 月 6 日的深宵
月亮当顶，很大，很圆
我的影子落在地面像黑豹
稍瘪，略扁
古寺的钟声早已响过，簌簌飞花中
青史换了朝代
和尚的袈裟从山顶泻到山下
一匹金色瀑布
在星辰的照耀里，显得与棉质的墓碑相仿
水流白石上
鸟眠紫梦中
有的文字陡峭，有的词语温和
但暗里，总有
悬崖和深渊为诗人而设，惊愕和骇怕
不是蝴蝶般大的风
感谢写这首诗的古人，虽然
他早已睡了
睡在唐朝，睡在李白附近，睡在松枝
一滴露水的不凋
但他的这首诗，没有白写，让后人爱上了
记住了，让我白天读后
晚上还要在这首诗中夜行，提着红灯笼
遁着原路，返回古寺

我已经不再暮色苍茫，成了明朗的忆
噢，方丈在等我
茶室在等我，等我去听禅，说佛——
池塘生青草
荷花变蛙鸣，天风拂去忧伤
我如镜子
了然无痕

（选自《重庆诗刊》2017 年第 3 期）

我是海边站立的石头

海潮如同出巢的狼群呼啸而至
风暴以恶魔的形态
吓跑了胆怯的海鸟　我是
站立在海边的沉默石头
我为兰色风暴的到来　大声叫好

最初　像所有充满希望的来犯者
海水在我高耸的头顶　得意地怒吼
鱼群像不牢固的记忆
滑进了很深的兰色恐怖　彩色珊瑚粉碎
龟蟹悲哀
苔藓的尊严一寸寸失守

我顽强地站立　从不低头
内心被惊人的大山奋力举着
勇敢的船　洁白的帆
石榴色的灯塔

生命的苦味和咸味　身后的深兰色
海岸线　使狂飚巨浪
气势汹汹地扑在我坚硬的身上时
发出粉身碎骨的惊叫

我是海边站立的石头
胸怀钢铁和霓虹　坚硬得
让一切疯狂步步倒退

幸福的瞬间

我幸福得流着泪水
仿佛一条惊慌失措的鱼，我忘了
河流的方向，对折过的波浪
鳞甲中，有多少个夜晚
也记不准了
我只像一块微笑的石头，沉到水底发呆
我只张着鳃呼吸，任云霞
在那里进进出出

（以上二首选自《两江文艺》2017年10月冬季卷）

走来走去（外一首）

宗焕平

一个若有所思的男子走来走去
或者一个走来走去的男子若有所思
但他不是卢梭，看上去
也缺少卢梭标志性的孤独
这里也不是法国
更不是卢梭生活的十八世纪
尽管他有着卢梭的面目和胡子
我几乎每天都能遇见他
徘徊在长椿街和宣武门之间
仿佛在细数每一寸土地，每一块砖
又仿佛在丈量自己与世界的距离
有几次，我甚至想起了捷克作家
伏契克的“从门到窗子是七步
从窗子到门是七步”
只不过这里的门和窗子，都是虚拟的
我曾以为这个世界很小
一不留意就会频频与他相遇
有一次，我想主动与他打招呼
但他丝毫没有回应的表情和意思
毫无目的，而又心无旁骛
从长椿街走过来，再从宣武门走回去
而且四季总穿同一件衣服
像在宣示，只有这里才是他的领地

后来，他的神态暴露了问题所在——
他一直都走在自己的影子里
仿佛生活的意义就是来回踱步
再遇见他，我会被一种
莫名的情绪突然绊住
是啊，是啊，我们一生忙忙碌碌
去过许多地方，好似走了很远很多的路
其实与他一样，很多时候无非是
在另一个地方，另一条路上
踩着自己走来走去

（选自《诗刊》2017 年 8 月号上半月刊）

一个女孩在地铁上哭泣

开往郊区的地铁上，一个女孩
在哭泣，一个女孩在开往
郊区的地铁上哭得很委屈
她面对车窗
我从车窗的玻璃上看到了她的泪光
看到了一个人内心隐藏的创伤
一个花季女孩在独自哭泣
哭得全神贯注，好像全世界
都辜负了她似的，想竭力抑制
却抑制不住，全然不觉
窗外，霓虹闪烁，暮色柔和
一个女孩在车厢里安静地哭泣
她的心里一定行驶着
一辆悲情的地铁列车

这个世界伤心的事情太多
她只能无助地自己哭，哭自己
她的身边是一个拉杆箱
她的泪光使拥挤的车厢有些异样
我用目光拍了拍她的肩膀

（选自《上海文学》2017 年第 7 期）

昆仑玉（外一首）

祁　人

在通往昆仑圣山的路上
我们都是虔诚的信徒
当所有的人奔跑着
奔向昆仑山熠熠的光辉
只有我和你手牵着手
在缺氧的高原上慢慢行走

众生景仰的万山之祖啊
你珍藏了多少宝石
又埋藏了多少秘密
而我们的爱情啊
点点滴滴倾注在每一个日子
就像此时此刻我们的牵手

或许，亿万年后
所有的石头都将变成化石
而我们的爱却永不褪色
犹如你手腕上的宝玉
这一只晶莹剔透的昆仑玉
在我们的生命里啊
托起了一座巍巍昆仑

德令哈的清晨

德令哈的早晨
在三千米海拔的高度上醒来
看不见雾霾的踪影
只有清新的微风拂面
伴我或快或慢的脚步

云朵飘移的天空
昨夜里布满了星星
一颗流星曾经划过
照亮一位名叫海子的诗人

清晨的巴音河碧波荡漾
水面还倒映着昨夜的霓虹
海子酒店、海子酒馆
海子陈列馆……以及
一些大大小小路过的诗人
如散落在河畔的星辰

德令哈的清晨
在这世界最后的入口
诗歌是最早醒来的神

（选自 2017 年 8 月 13 日《西贡解放日报》）

鹅卵石（外一首）

乔富源

经不住漫长的诱惑
大山分裂的痛付于流水
凌厉的敌意消失了
圆滑，受到青睐

摆放案头，作为一种点缀
头顶的时间悠然
回光，照在来客脸上
很驯顺，有些老于世故

渐入佳境

乐于在荒芜处奔波
黑黑的路隐秘在神经里
诗意，随心所欲

这世界，相似的东西太多了
我只羡慕豹子突然跃起
给我一个陌生的战果

假如——
山不转水不转风也不转

我会拔出刀子

我的词，不懂得平滑规则
当世界感到一丝痛的时候
月光下，有狂徒渐入佳境

（选自《天津文学》2017 年第 8 期）

沉默期（外一首）

王　键

沉默期如婴儿，在母腹
黑暗而幽静的空间里
自由生长。

无声的十月，失去的语言
在生长，从胎儿到孩子
当沉默首先打破沉默期
破啼而出——
世界也为之动容。

在四声调的变奏之中，诗人
用冷锹挖掘词根——
一棵树
向大地母腹无限伸展的
根部。

喧闹的大街。一个人
独自走在拥挤的人流和车流之中
水与水拥挤无声，一颗星
为他照明
在沉默期的深处。

中秋夜之歌

拉开天幕，从少女长成圆润女人的月亮
走到舞台的中央，成为今夜的
焦点。我像猫一样起身、抬头仰望
加入到月亮＋夜晚的合唱
山峦和屋顶被洗涤一新
我们贫穷的日子被再洗一遍
但我们的纯洁的心灵和爱情
没有伤感
脚下的河流静默，于无声中
运送着黄金和白银
今夜，谁是幸福的谁又是不幸？
远方的大海正用力地拍打着
山峦的赤脚，她在酝酿
明日的高潮
生命中的那些石块，被沧浪洗濯
被沧浪日复一日，温柔而有力地
撕咬。水的奥秘，跟这夜和天空
一样深不可知
请让我再抱你一次
只有我知道，舞台辽阔宫殿寂寥
你也是流浪和孤单中的一个
请让我，像这最后的萤火虫
起飞，打开那燃料快要耗尽的引擎
做一次绝望的飞行，向你。

（选自《东坡文艺》2017 年第 5 期）

茶　道（外二首）

董进奎

不谙茶道
我的影子蒸煮轮回
穿越茶壶、茶杯、水过滤心

一团叶子游动
山丘般沉浮呼吸
泥土的香沁出
几缕春光陷入舌尖

一只鹦鹉从茶梗中挑出
最嫩的鸟鸣
境界，不是把水泡出茶味
而是把茶泡出水味

面对世间偌大的杯盏
我深沉
渴望的人一饮而尽
品咂我的味道
我，透过一杯茶修行水性

（选自《诗刊》2017 年 7 月号下半月刊）

佛　徒

背靠南迦巴瓦峰
他又一次坐空
坐在被一阵风清空的巷里
席地剃度
把多余的陈雪压在山巅
让赤裸的石头承受熬白的日子

此时，落日浑圆
老弱的躯体挣脱影子
灵光在天地的夹缝里游现
从深渊打捞出混沌的雅鲁藏布江
安置于峰坡
静修一段细流

把　玩

两粒核桃游走在指缝间
太极的轨迹
撞击、尖叫
修饰无数掩盖的轮回

压榨出油、玉化
挤出晶莹的笑
每一缕皱褶沾染泥色的香

把玩者顾盼的双眼贼亮
举起锤，探究逆来顺受的诚心

坚果护不住脏腑
心如薄纸，已失血多年

父亲站在远处观望
颤栗抓住衣襟
另一颗核桃还静卧在别人的掌心

（以上二首选自《上海文学》2017 年第 9 期）

割　艾（外一首）

田　斌

娘去村后的坡地上割艾
连成一片的艾草
把娘隐没在夏天的浓密与茂盛里
隐没在清风拂动的碧波里
娘勾着腰，一手握镰
一手拢艾，把刀子伸进
艾草的根茎。一刀子下去
那种浓烈的气味
从割倒的艾草中弥漫出来
这股熟悉得有点刺鼻的味道
像情感的导火索，一下子
引爆了端午，灼烧了我

（选自《解放军文艺》2017 年第 2 期）

渡　口

所幸有这座默默坚守的渡口
好让我对家乡的记忆
像河水一样从心中潺潺流出

这是一条奔向长江的支流

水阳江绕着敬亭山而过
梦中的诗歌荡着小舟

站在渡口眺望
那河边踩水觅食的白鹭
蓦然惊飞闪电的翅膀，亮眼

一条河流对于故土的深情
不仅在于它拥有热血奔涌的炽热
还在于它用精彩捧出了
两岸五谷的花香与滋养

（选自《安徽文学》2017 年第 8 期）

吐鲁番葡萄

彭惊宇

在炎炎夏季的吐鲁番
我们采摘和品尝了，一串串
世上最鲜美甘甜的葡萄
它们是那样胜似北国的爱情
让人久久回味，又久久难忘

吐鲁番葡萄，是太阳的火焰之手
所捧献的一嘟噜一嘟噜甜嫩可口的
红玛瑙、紫水晶、黄籽玉和绿珍珠
是无数阿娜尔罕多情的眼睛
闪烁在西域壁毯似的幽远夜空

坎尔井潺潺清流所浇灌的
是一沟沟一架架翠绿而缤纷的葡萄
无核白、马奶子、红提和喀什哈尔
还有白布瑞克、琐琐和玫瑰香……
那些多彩的葡萄，喧哗的葡萄
仿佛身着艾德莱斯绸裙的维族古丽
正赶赴一场盛大的麦西来甫舞宴

在火焰山流金叠翠的沟谷中
在维吾尔人古朴宁静的家园里
葡萄藤蔓构建起和谐富足的生活

泛滥的阳光，多像一群群欢乐的小巴郎
在葡萄叶面和卷须上嬉闹和歌唱
而那一挂挂琥珀般晶黄莹透的葡萄
真像是阳光和雨露凝结的美好时光

葱茏高悬于千年故城的废墟之上
化作干红美酒在辽阔大地奔淌
吐鲁番葡萄，枝枝叶叶都拨动着异域琴声
正在把这珍贵人间美丽如斯的生活传扬
走出这座以葡萄闻名的城池和王国
人人都有可能变成幸福葡萄的模样

（选自《诗潮》2017 年第 11 期）

拜谒王二小

马淑琴

你的故事，一直没有走远
心的一隅，不死的种子
一茬又一茬地结出崇敬的果实
一首刻在骨骼上的诗
被生命的季节反复吟诵

记忆被锁定。九月十六日早晨
把心缩进你的伤口
感受岁月的悲壮与疼痛
抢在秋风之前，默默地想你
想念永远十三岁的哥哥

又是一个九月十六日的早晨
紧跟传遍每个村庄的秋风
来到涞源县的狼牙口
如同朝圣，拜谒你的山峰你的沟谷
你的溪水你的草木
你的蓝天你的白云
你的野花和小鸟儿
怀想你的机智你的镇定
你的卑弱你的强悍
悼念你十三岁的稚嫩与青葱
和生死关头顶天立地的铮铮血性

跨过九曲十八弯的河水
如同跋涉每一个乡亲流过的眼泪
几条似曾相识的黄牛
还在山坡吃着昨天的山草
从温暖的牛背启程
寻你当年十三岁的身影
听你挥动手里的长鞭
甩成十万大山清脆的回声
看你唇边的一枚绿叶
吹出满坡耀眼的金黄
以及白山草的白，和红山草的红

用一束心的园圃，盛开多年的野花儿
暖热你冰冷的墓碑和纤瘦的胸
暖热你的等待与孤寂
攀上你登临过的山顶
用你的眼神回望，回望
昨天的老村，爹娘坟上的荒草
和刺刀斩断的炊烟
仇恨伴着年龄增长，长成大山铿锵的年轮

从一株山丹花的微笑
读懂你加入儿童团的兴奋
一双孩子的眼睛，一杆红缨枪的哨位
以高过一座山的视线，注视敌情
你搂着大黄牛的脖子说
连长答应了，再过两年
你就是他连里的骑兵
那头大黄牛，变成了你的战马

载着一个十三岁孩子的梦，勇猛地冲锋

一股狼烟，撕破山谷的宁静
你看到了一群狰狞的鬼影
刺刀的寒光夹杂的嚎叫
向着你和牛群逼近
为了山沟深处的后方机关
和安全隐蔽的乡亲
你用十三岁孩子的淡定与从容
你用十三岁孩子的机智和英勇
把鬼子带进埋伏的“石湖旮旯”
带进覆灭的陷阱
当“四下里乒乒乓乓响起了枪炮”
邪恶的刺刀，刺进你十三岁的胸膛
滚热的血，染红那块山石
染红一段传奇的悲壮和永恒

十三岁的哥哥呵
我们来了，用积攒了几十年
祈盼的目光和渐渐长大的虔诚
把你从沉睡中唤醒
挽着你的手，牵上你的牛
沿着那条溪水走出来
用小鸟儿的清音，用山花的艳丽
用桃红李白与日出日落
把你的故事写成诗，唱成歌
沿着那条新修的小路走出来
一同走进今天，那道绚丽的彩虹

（选自《东方少年》2017 年第 7 期）

见到天空的蓝（外二首）

马启代

——见到天空的蓝，我总是不由自主地想起海
仰望天空，心中就有海的宽阔

作为大山的子孙，我已经确信，离海最近
站在汉语的山峰
我周围的浩淼一望无际

——海看人都是平视的
海用自己的宽广给人类构成衡量高度的坐标

可是，所有能成为海的水都获得了无限的海拔
我必须仰视
能与天齐高的海才有资格成为海天

——能登上天的水，澄明，铿亮，共长天一色
其实，水愈高愈蓝
雪花和阳光也是蓝色的

此生，我不上天
我只不过要用海的意志攀上一个时代的高原……

那挂瀑布的水从哪里来?

——瀑布，都是走投无路的水，不知当年爬高有什么错?

画家先生，那挂瀑布的水从哪里来?

……“天上？”“谁的天？”
这等清纯、决绝、豪迈不屈的水，缘何在高处没有位置?

为何就这样被叫做天的天，一下子掷入深渊……

多一处伤口，多一种语言
画家先生，你一再堆积的云里究竟运载了多少江河?

断裂，是骨头太软，还是太硬?

——瀑布，一生活成感叹号，不问天，也不问地

画家先生，为这不死的水，我愿借十万诗行容它藏身

（以上二首选自《延河》2017 年 10 月下半月）

我被突然升起的月亮惊得目瞪口呆

——住在山之西的我，对山之东几乎一无所知
如果不是生活给了我一些伤痛
我不会如此安于在一座山的底部生活

而且最新鲜的阳光都洒在了东山坡

而且来自海洋的气流也首先在东边安家
所以那些投机者可以打着热爱太阳的名义实施背叛
所以那些耐不住寂寞的家伙有了逃离的借口

但我因此喜欢上了笼罩着我的那些阴影
甚至爱上了窗前巨大的寂静
对疲惫的夕阳和清晰的鸟鸣充满感恩

有一晚，我与夫人散步，看到山那边亮如白昼
原以为他们又创造了什么人间奇迹
漆黑的山脚下，我被突然升起的月亮惊得目瞪口呆

（选自《绿风诗刊》2017年第5期）

麦田记忆（外一首）

郝子奇

你的手握着镰刀
我看到从手缝里漏下的锋芒
已被风带走

阳光在尖尖的麦芒上摇摆
你的手在起伏的焦黄中
追赶着晃动的阳光
直到它倒下来　直到它
染上夜晚的黑

我是那个在麦田拾麦穗的孩子
我看到握着镰刀的手
没有漏掉一颗摆动的麦子
哦　父亲

不　有过一颗
是在那一块地上
有一颗麦子躲过了镰刀的锋芒
恰好碰到我童年的小手

（选自《诗刊》2017 年 5 月号上半月刊）

大雪封住了山道

远处的山　在白茫茫的世界
以曲线起伏着自己的存在

村口的高压线上
几只发抖的小鸟
在望着什么　现在
一粒米　也躲在更冷的地方

两个比鸟更小的黑影
在山口移动　虽然很慢
但可以肯定的是　他们在走向村庄

在那么远的地方　肯定
看不到村庄　白茫茫一片
两个人坚定地走着　仿佛
坚定是走向村庄的道路

起风了　更大的雪花落下来
不断埋没一些痕迹

两个人　在埋没中
不断拔出自己
从他们的坚定来看
在没有任何标志的雪中
一定会找到被埋没的村庄

现在　两个人越来越清晰了
已经大过了在高压线上发抖的小鸟

（选自《诗江南》2017 年第 2 期）

陌生人望我的眼神（三首）

赵克红

无名花

无名花，开在小溪边
开在大道旁，开在
远离小区门口的地方

无名花，蒙着
一层无名的碎屑
不知是花粉，还是
微尘

不知是什么时候
长出的叶片，什么时候开的花
什么时候，引起了我的注意

不知什么时候，它们
对自己的美，有了如此的概括
如陌生人望我的眼神

白天鹅

一朵白云的灵魂

出窍了。一朵
生了凡心的白云，它想要
栖息于

我的胸口——
那里，正有微波荡起

梦里故乡

“一步即成乡愁”
而我远离你，已不知
多少山水

田野在一张张宣纸上
凝固成了愈加浓郁的墨色
而梦里亲切的村庄，则都
消融在越来越凉的
月光里

遥想燕子返乡，再也寻不到
当初窗下读书的少年
只有一支柳笛，挂在泥墙上
回味着青涩的旋律

（以上三首选自《牡丹》2017 年第 9 期）

小草不是风的奴仆（外二首）

田　湘

小草是风的语言
而不是奴仆
它用身体的语言说出风
它倒下，是让你看到风的方向
而不会像树枝折断自己

风没有故乡也没有离愁
而小草有，它有一厘米的国土
它害怕离别
它生在哪里，就会死在哪里
它会让你看到它的骨头

小草有翅膀，但从不飞翔
正如石头有门，但从不打开

风想带领小草云游世界
小草只在风中摇曳
但绝不随风而去

请看
小草的腰如此纤细
却能与十二级台风共舞
风给予的一切

它都能承受

逆 行

田径场上
所有的行走
都是逆时针的

一万米长跑
一百米冲刺
或者只是散步

顺着走不好吗
顺着风
顺着河
顺着地球旋转的方向

可不听话的身体
偏偏喜欢叛逆
他说心脏不答应
非要逆时针前行

上帝说
什么都得顺着
唯有心可以任性
他是个孩子
且不可以长大

我终于替代父亲

春风只是忙于吹开花朵
忽略了青草下的那座坟
我也忘了

那天我从镜前走过
心里咯噔一下：爸
泪水模糊了眼眶

“他离开快十年了”
妻的手落在我肩上
“你越来越像他”
“春天也有轮回”

风吹开了坟前的小花
“我终于替代父亲
活在这世上”

（选自《诗选刊》2017年第5期）

屋檐秋雨（外一首）

王浩洪

敲打窗沿，敲打钢网。没有屋檐的雨
落下尽是淅沥，落下只有声音

有屋檐的雨，比没有屋檐的胆小
流走时悄然，缄默，软而宁静

溅湿的墙脚，苔藓旺绿
泥沙地面上有干净的眼睛

没有屋檐的雨，比有屋檐的坚硬
脑袋肆意窥探，打湿了窗台，以及站立的纱巾

离开屋檐后，雨总是奔跑
离开屋檐后，雨没有歌吟

站在屋檐下，洗干净手
回到屋檐的人，一切都像没有发生

临天池遐想

这边是我的，那边是你的
这边风吹，那边风吹

这边落雪，那边落雪，雪都一样的白

池水有波纹，池水有鳞光
池中之鱼，一会儿那边，一会儿这里

鱼，是我的还是你的

只有脚下的荒草和荒草里的石头
只有上苍分配的冷与雪白

不能跨过池水，能抖落肩上的雪
可以转身下山再骑马归来，可以想像
这水，这鱼，这长白山上的风雪

（选自《东坡文艺》2017 年第 4 期）

岁月书（三首）

丁　白

浮　生

半日茶，半日闲
半日酒，半日诗
半日思念，半日眷恋
浮生，只一日
便是爱，便是一日
光阴无限

雪

开花的是梅
梅开的是雪

挥挥手，江山裂开了宇宙
转转身，遍野铺满羊脂

雪，你的白色是世界的原色
你的安静是江水的沉静
来时，自天落泪，感天动地
去时，厚土载德，一地洁白

雪，你来，了你山河锦被的梦
你去，万紫千红，皈依万顷自然
说到雪，雪就开了
开了雪的火，温暖整个世界

月 亮

月亮摆出七星阵
照看美好的江山

我要拔出陷在世俗淤泥的脚
在光阴的河里
踩出自己的月光

（选自《参花》2017年第2期）

骑着蜗牛去旅行

牛　敏

谷雨的站台前，一大早就出发
我骑着蜗牛去旅行
请允许我与坐汽车、乘飞机
坐高速列车的朋友说：bye -bye
祝你们一路顺风！
我不愿好山好水一页页快速翻过
浪费了大好光阴

第一站是桃花，我得陪伴这先觉者的孤独
走上一程，面朝季节的方向，等待
其他的花朵陆续赶到
雪花到来时，我就该踏上归程

骑着蜗牛去旅行
旭日初升，我们已在广袤的地平线
踩着苍茫的露水全速行进
攀越辙痕的沟壑，穿过浅草的丛林
远处一棵巨大的野罂粟特立独行
她婀娜的身姿妖娆了半边天空
不妨让那美丽的毒奔放一下我的灵魂
在枝杈上悬空走出五厘米的心惊

高枝上不仅有凌霄花还有甲虫

透过甲虫的鞘翅，悠然遥看
远山的雪峰和天上的白云
池畔的蚂蚁是辽阔山麓寻寻觅觅的羊群
荷叶上，时有续航天际的蜻蜓起降
轻灵的翅膀总让我渴望心上的远方

父辈劳作的田间，我逗留了很久
有时与披挂利剑的小刺猬狭路相逢
恕我冒失，近距离观看那些小鸟
喜结良缘、筑巢生子、白头偕老
我的心儿伴随着它们
在枝头上跳跃，在新叶间鸣叫
云端上的歌喉自由自在
把苍茫的大地照耀

飞累了，就在女儿的童话世界里
找一座小木屋住上一阵
还要点起炉火，烫上几盅
细细研磨一路上相逢的怡人眼神
调制一抹醇美的黄昏，面对面
与袅袅炊烟和依人小鸟慢慢啜饮
把乡愁的模样定格上夕照的衣襟
木屋有花朵簇拥的窗口
窗下远处是路，近处是河道
可以看见一个世纪在上面行驶或奔跑

骑着蜗牛去旅行
我知道追赶不上前边
却能等到后边的人
甚至绿草地上的彩虹

披星戴月的雁阵……
同样能够领略全部的风光
重要的是当我被布谷鸟叫醒，走出门外
绿莹莹的蜗牛还在原处等我
可以继续我的行程

（选自《草原》2017年第5期）

火　苗（外一首）

唐德亮

我不收藏火种
只收藏火苗
火苗是舔破瑶山夜幕的
一根舌头
将哥贵莎妹的脸扫描成火色

苗爱笑，会哭，善舞
常在冬夜收走体内
最后一撮残雪

与火苗亲吻
哪怕融化成冰
世界，也是温暖的

瑶家木屋

粘在半山腰
悬空的脚　有惊无险
支点，在于两根木头
撑起整个天空的重量

灵魂蜷伏千百年
任阳光风霜交替探访
一阵歌声　将木屋
最有生机的秘密泄露
走进木屋　找回失落的爱情

后来　我飞了起来
木屋吱嘎一声也跟着飞了
不一会儿　又下坠
蹲伏在某个山坡

（选自2017年5月12日《光明日报》）

春天在上（外一首）

宗德宏

有泪的晶莹，闪亮登场
说不清道不明的是几多闲愁

春天在上
是在流水洗过暗疾之后
一切生命的意义
只是转身时的一次回眸
不觉间，白发满头

今生何求？始愿自己是一棵树
在风雨之下，羡慕云的自由
即使隆冬，我的心室里
也能绽放出一点姹紫嫣红
有情涌进，人生好一个秋

敬畏天地，敬畏站着的或者倒下的
手中高擎着一杯酒

（选自《上海诗人》2017年第4期）

生死之劫

灰白混沌，夕阳

在无光的伤痛里与今日作别

无非天意，鸟鸣
比人们的干咳还要难听
佛语称其业障，而在我看来
这里有一些情感属于自生自灭

有人说，昼如夜
我想说，夜更胜于夜
不见清风朗月
怎打开郁积的心结

云在远处，山外有雪
眼前的世界
正可谓万物之坎儿——生死劫

落花落水，不落忧愁
一个愿望越燃越烈
——就想天天和朗朗晴空相约

而挥之不去，深陷其中的
不过是枯枝败叶留下的一些残帖……

（选自《山东诗人》2017年夏季卷）

雄鹰的七根肋骨

赵　琼

第一根：使命。
这是雄鹰身上，唯一
会做梦的骨头
常常会在栖息的风中
牵出老屋旁边的那一口水井
以及绕着老井的那一蓬紫藤

第二根：本领。
既然生身为鸟，就要如风一样
战斗在天空。风雪雷电
春夏秋冬，淬生肋骨湛蓝如羽
如钢重生

第三根：警醒。
除了振翅，最多的时候
我都是伫立在青山的头顶
哪怕是鼠蛇有一丝的响动
也逃不过我这一双
不眠的眼睛

第四根：坚定。
首先，这一根肋骨的颜色
与众不同。它的翠绿
不亚于青松。它位于雄鹰的

腹部。让所的雪白和花红
全都茂盛在贫瘠或肥沃的土地
或是崖缝

第五根：乡情
年年秋天的那个晚上，总有
十五的月亮，将家乡的场院
镀成金黄。我的一根肋骨
化成了笛子的七个圆孔
与守着一坡稻谷的熏风
一起，轻轻地吟咏

第六根：血性
从不嗜血。有时甚至鄙夷血的膻腥
但血的炽烈，总在心的底部升华
纵然挑衅似冰，也要在冰上
打出橙色的火星

第七根：赤诚
只因常年，都是追随着霞光
盘旋、俯冲。这根肋骨的翔迹
也与光一样透明。天长日久
这根肋骨，也就长成了一面
缀着五颗金星的红旗的身形

写完了雄鹰肋骨的七种颜色
一群战机，轰鸣着
穿过了云层。
一座虹桥，在鹰翼之巅
不厌其烦地，摆渡
和平……

（选自《解放军文艺》2017年第8期）

分　别（外一首）

髯　子

树上的一只麻雀飞走了，其含义是
你和我要分别了

黄河路，汇入早高峰
正值丰水期，我从北边到南边去送你
横穿马路时，我两只胳膊配合两条腿摆动
通俗地给自己打节拍——
心情是《雨花石》的，表情是《伤不起》的
但是，一辆红色宝马
要去黄河上游追根溯源
它的流线形，是鱼形
快感是麻雀的

“鱼是没长羽毛的鸟，鸟是长羽毛的鱼”
——你长得比我好看，说什么都对
这年夏天，黄河路和一棵树
等一只麻雀，而我
一直等你

我来看你

我带着二十年前的自己

来看你。毕竟多年未见了
你要这样理解，在你面前
我有时从夜晚往白天过渡，有时相反
我有时从一片黄叶向一把铜质乐器进化
有时会出现差错
我有时是一片黄昏，懂得怎样表达
金子的颜色和落日的波浪

我带着一盏灯的目光
来看你。夜晚晚了一条街三路车
我在你的脸上、心里
降落一层白霜，让你知道
灯灭得太久，光芒需要用夜晚慢慢恢复

（选自《诗选刊》2017 年第 10 期）

石　头（外一首）

李建军

填的路，造的屋，铺的床，垒的坟
满村的石头啊

它的影子
像飞雪，像泪珠，像牵引灵魂的白灯笼
让这个握紧的拳头
蜕变成出其不意的星星

它的语言是翻卷的麦浪，是我的一声吼
震碎池塘的玻璃

油　灯

是撕不破的网，打捞行囊里的月光
是疼痛和忧伤
是粗粮、清茶和布衣裳
是与我一起流浪的苹果树
是洁白的炊烟、清唱的越剧，石碑上铭刻伤痕
是呼啸而来的乡愁

灯芯越来越短
一滴一滴少下去的，是我的泪水

（选自《星星诗刊》2017 年 11 月号上旬刊）

起　身（外一首）

高若虹

那排在黄河上
或起或伏的浪
是不是要挣扎着从蠕动中起身

那块在河滩上
猛地坐起的石头
是不是要在冷漠、孤独中起身

那条在山村里
曲曲折折扭动的小路
是不是要松开缠绕的乡村起身

那股在山梁上
突然站起的风
是不是拍了拍旧事从尘世中起身

那片在门槛外
踮着脚往门里爬的野草
是不是为住进窑洞起身

我起身从异乡归来
等待着那最后的一堆黄土为我起身

峁上的树

在黄昏的时候
看见了那棵树　黑黑的
像站在峁上的一个人

我从峁上下来时
并没遇见它
回头 它就像突然从洼里跳出来的

仿佛走夜路的乡亲
弓着腰　倒背着手
树上的鸟巢　是背着的包袱

再回头　它仍然在那里一动不动站着
我想它就是站在那里
默默地数着村里还能有几盏亮起的灯

（选自《民族文学》2017 年 9 月号）

一个孩子（外一首）

伊　路

你眼睛里的渴望溅着火星
伸来的手拂出狂野气流
却只为了抓牢一个空矿泉水瓶
我从车座底下再找出两个
想给比你更弱小的孩子
还是躲不过你的迅疾
一路上我止不住关于你的想象
你可以成长为一个王
你已经是一个孩子王
酷热的大漠连彩虹都弯不成形状
你如何才能像那高天的鹰
越过所有疆界

为生出一朵最白的云

由舒缓绵延的山脉　平静的大湖　悠扬的牧歌撑开
由无数的沟壑　茫茫戈壁　粗犷的风撑开
多么长的路啊　多少曲折跌宕湍急的河流
处处有野花　羊的眼睛　酷暑之上的雪
那一寸一寸的无底无边
——那眼泪　梦　光源
我的心也被撑开

忍受着裂口　块垒　灵魂动荡的宽度
整个天空　无数风暴
为生出一朵最白的云

（选自《福建文学》2017 年第 3 期）

花　园（外一首）

王万里

一声清脆的鸟鸣
花就开了
红的红
白的白
红白相容的是少女的脸
一瓣一瓣地
笑盈盈地开

花骨朵儿抿着嘴
仿佛羞涩的小女孩
天真地展示着自己
旋转的花裙
引来清凉的绿风

是哪一朵闯进了我的眼睛
犹如灿烂的阳光
让我的喜悦同时开放
以她的模样
仰起脸或者弯下腰
都是心爱的样子

万物有灵，感激那一个最美的神
让我看到人间的天堂

三黄毛盼着愣二哥

三黄毛盼着愣二哥，
背对着父母门槛上坐，
天上的星星都数过，
没有一颗是愣二哥。

愣二哥，你的心眼有几个？
金鸡已上架，小狗入了窝，
只有月亮陪着我，
只有风儿在身旁。

平板车轴承多上点油，
别让小驴的蹄音蹦蹦响，
因为道路坎坷又不平，
因为村子里面笑声多。

你的心眼少，我的梦太多，
月亮偏西一尺许，
两根铁箍捆住我，
你乐，我也乐。

你的眼睛是一把火，
烫红我的小酒窝，
一把大豆塞进我的手，
只让我每天吃一颗。

（选自《草原》2017 年 11 月号）

写给鸡年的鸡毛信

张怀帆

鸡年的鸡：见字如面！
你还没有来，你的同胞们
已经一个个被活活抓去
刀子割喉，开水去毛，剖开内脏
做成一具具标本，并且据说还是为了迎接你

平时，它们被关在格子组成的集中营里
永远见不到阳光，它们被
逼迫着下蛋，吃着粗糙无味的饲料
喝着寡淡无味的水。每一间格子的牢房
都只有一只鸡的大小，连身子都转不过来
一旦有哪一只蛋下得少了，就会被揪出去
格杀勿论
下蛋下蛋下蛋，只有拼命地下下下
没有友情，别说亲情，更不要奢谈爱情
下蛋下蛋下蛋，直到体内的最后一颗卵
排出，也就是变成尸体的一刻

再看看你们的孩子
一颗颗鸡蛋，被密集地排放在孵化室
一屉屉，一层层，一片片
接受日夜的强光照射
哪像是孕育生命，更像是魔术实验

它们生出来，不知道爸爸，更没有妈妈的呵护
集体是孤儿。它们毛茸茸的看上去还像天使
但被雪球一样赶到一个传送带的奈何桥上
接受一架机器的检验，不合格的立刻被扔进
黑暗深渊，被机器绞杀，被水冲到另一个世界
剩下的，还要分出男女
那些男丁，也只有少量能够幸存
其余的则被饲料速成，变为餐桌的祭品

你乡下的亲戚，日子也并不好过
活动的范围被圈定，绝对跑不出小院
早已没有了漂亮衣服，个个灰头土脸
没法练习翅膀，更别想逮到虫子
再也遇不到狐狸夸奖黄鼠狼拜年
还在司晨或下蛋，但只有二流歌星的破嗓音
一到周末，就有大量鬼子进村
嚷嚷着要吃掉它们
逢年过节，则是集体大屠杀

在吊炉上，在汤锅里，在蒸笼中
人间，到处是你们的尸体
这还不算，砍头不要紧
二十年后，还可以做一只雄鸡
但他们还要彻底弄坏你们的名声
把干某种坏事的叫鸡，另一种坏事叫鸡奸
把更坏的一种人叫鸡头
人间已无齐白石，更没有了达芬奇
只有一家家肯德基，像水浒里孙二娘家的店

鸡年的鸡，我知道你们正在报复

用你们满含激素的尸体
加速人体的生长，发胖，长高，脏器变大
用你们最致命的杀手锏——禽流感
一剑封喉，七步倒下
但我要告诉你，你们不要着急
你们憎恶的人间，自己已经
鸡飞狗跳，鸡鸣狗盗，鸡犬不宁
他们只有钱和欲望的鸡肠狗肚，用不了多久
就会自己鸡飞蛋打，一地鸡毛，呆若木鸡
末了，我要告诉你，我也不是什么好人
一边给你写信，一边啃着一只鸡腿
鸡年的鸡，纸短情长
人类自己说：玩火者必自焚
你们耐心等着，到那个时候
雄鸡一唱，天下大白！

（选自《延河》2017年第4期）

八月，高原之夜（外一首）

冰　风

我不想以任何诗句，赞美这花团锦簇碧草连天的高原
我不想让夜风告诉你这个城市竟有一个如此熟悉而亲切的名字*

八月，高原之夜
未约，却翩翩而至
你一定是看到了远方梦幻的绚丽转身，
听到那大地深处久已沉寂的旋律

身披着黑色纱巾的神秘女郎啊
谁曾无数次穿越浩缈天空和波澜不惊的暗河
穿越马头琴辽阔的胸膛
你的长发美如忧伤，你的眼泪滴成钻石

我不想告诉你高原之夜
会发生怎样难忘的故事
更不会向你透露更多浪漫温馨的情节
这个夜晚，最隐秘的心事
属于一条灯火阑珊、没有尽头的长街
为什么醉倒在三两声蝉鸣的绿叶又忽然亢奋挺立，
为什么漂泊半生的人找回了自己的故乡

（注*：这座城市名叫“康巴什”，蒙古语，是老师的意思）

停摆的座钟

一只精致古典的座钟停摆了
它的齿轮和发条完好无损
停摆的原因，只是缘于自己内心深处
一个愈来愈清晰的声音

它不愿再这样虚度光阴
终日机械刻板，神态高傲冷漠
重复着同样的动作和线路
只为了坐拥主人给予的这个体面位置
享受悦耳的钟声，空洞的赞美

作为时光的见证者
却对时光本身的意义不甚明了
只能以简单、相同的时分秒刻度
去丈量时光并不相同的脚步
从来就不曾明白过，时光有时轻、有时很重
有时短如微米，有时长如光年

永不停步的表针与钟摆，并不能诠释时光的真谛
座钟要断然结束这种似是而非的现状
那怕是停下从未歇息的脚步，那怕是被不体面地抛弃

停摆的闹钟，决定从黎明的第一声金鸡报晓开始
以东山之巅第一缕阳光为马，以满天霞光为袍
重新找回，安放时针、分针和秒针的位置

（选自《星星诗刊》2017 年第 11 期）

与杜甫为邻（外一首）

干海兵

坐一篷慢船去杜甫草堂
仅仅需要一个打盹的时间
但浣花溪已经改道了
黄四娘家门前的水消失在
隔壁酒肆的杯中

那些夜晚学着咳嗽的知了
看见城市的云上飞舞着茅草
一些着唐装的动漫少女
在朱门前等待着蝴蝶

一条不用水的慢船摇到唐朝
要经历多少个秋天？或者
从一个杜甫到下一个杜甫
要让一滴春雨涨成多少个大海？

天山偶遇

祁连山以西，仅及人腰的雪线
沁沁而出的月亮
压弯梭梭草破旧的包袱

十二个粟特人，七只骆驼
三堆低沉嗓子的篝火
一把好胡琴

祁连山下有急急而过的李白
银衣雪剑
仿佛从天上来

（选自《飞天》2017 年第 11 期）

惩　罚（外一首）

南　鸥

惩罚他，他来自黑暗
他身披九十九个太阳，而他的光芒
让世界瞬间变成黑暗。他来自
黑暗的内部

惩罚他，他是一位百年的哑巴
他的哑让所有的语言从此蒙上尘埃
黯然失声。一把提琴泪流满面
从此拉断自己的琴弦

惩罚他，他出生卑微
他的卑微令天空弯下高贵的身躯
他没有姓氏，他打破了疆域
取消了家族的尊卑

惩罚他，必须惩罚他
用一位死者的荣光，用一千位少女的初吻
惩罚他，用翩翩起舞的三千宫妃
或者万里河山

（选自《山花》2017年第1期）

孤独的王

终于在一盏午夜的孤灯下
解剖自己，终于让一生的孤独穿透内心
锋利的光影打开今夜的手术刀
而简洁的锋刃在体内黑白分明
纵横切割。胸腔昭然若揭
群峰墨香四溢

午夜是驯养野兽的良辰
月色静谧，银光刺痛兽类的神经
孤独是一位王，没有家乡
没有姓氏。孤独总是怀抱野兽
从遥远的乡村昼夜迁徙
策马而来

王头顶桂冠，桂冠顶着天空
胸腔藏着千年的秃鹰，嘴唇诉说苍穹的秘语
群山与湖泊，都是它世袭的臣民
断崖高悬黄昏的鸟窝，当荒野的乱石
说出了姓氏，时间成为海拔
而孤独天寒地冻

（选自《朔方》2017 年第 2 期诗歌专号）

这样的夜晚并不多（外一首）

天　界

涌泉寺外吃夜酒
是一种美

橘花很单纯。酒碗里有塔
塔里奔跑着月光

月光下喝酒
是一种美。无数白色古老小盅
递来的香，是一种美

一座神秘大山
潜伏寺中。寥寥几人喝酒
是一种美

寺里的钟声
一直响。一直响
钟声落进酒碗。钟声是一种美

在寒山湖，写一首情诗

天地之间，风是自由的
比水更柔更野性

似乎没有任何东西可以阻挡它

一个隐忍的人
埋下宿命和希望。风穿过寒山湖
穿过水中鱼的身体
深夜的路灯下，风穿过我

我能掏出一个旧身影吗
如一片老茶，泡出青涩单纯
野性的当年

（选自《扬子江诗刊》2017 年第 1 期）

大雪中的路（外二首）

徐　迅

雪封锁了机场、道路和河流
日子举起了白旗
土地展开了所有的方向

一棵树在外面滞留很久
仿佛流浪的老人
找不到回家的路

事物在温情的雪亮里下坠
压弯光秃秃的枝条
一切于熟悉中变得陌生、隔膜

寒冷中。饥饿的石头
终于停止呐喊。永久的沉默
像真相缓缓降落

（选自2017年1月25日《中国煤炭报》）

铁与煤

是铁就要煅打
是煤就要燃烧
冷冰冰的铁与煤
风箱的喉管发出火红的誓言

铁在煤里耽搁久了

就成了镰刀成了锄头
割阳光的稼禾
锄月亮的灯草

好铁可能只打一根针
好煤早已燃烧成灰烬
煤的燃烧生出无数舌条
激活了铁的细胞

掌管铁与煤的司炉
开口即说破一生

打铁的人

像一粒火种
在漆黑的夜里埋入大地
谁试图用双手
接受比生铁还冷的命运

“打铁的人你在哪里？
我已走遍千山万水。”
打铁的人自一个清晨走失
那一滴通红就流进了我的血液

围裙结满了火痂　打铁的人
手持生动的桃枝
在每一株庄稼上锋利
铁在炉火中哭泣

走遍千山万水
打铁的人一锤定音

（以上选自 2017 年 12 月 24 日《打工文学报》）

山川展开广阔的纸张

方文竹

这些年　我一直倒立着写作　来自神的恩典
这是我的秘径和技艺
倒立对抗着时尚　行为对抗着艺术
双脚踩在空中　笔墨泼向大地
山川展开广阔的纸张

这并非奇迹和敌意　而是心灵的
南水北调　却是身体的南辕北辙
并非人间天使　却偷食着梦幻的黑粮
向上一看　鸟群像蚂蚁的队伍　亿万年里
镌刻着无边的青铜　或许我就是他们中间的一位
落难人间　描摹大地
大地比天空广阔　但有界　篇与篇不同
精彩纷呈　我是我的收藏家和读者

在天成象　在地成形
一位大隐于市的书写者　倒立的姿态
不适合佩戴任何牌号的帽子　飘散的头发
洗刷着纸张　洗刷“草根”“底层写作”的百货店
我的笔直接挖山开河　改造大地本身
胸中的块垒已经成为培育春葩的一小撮泥巴
心眼一致　不断改变着笔法
越过工业的笔法　农业的笔法　军事的笔法　科技的笔法

在心灵的环保中留下笔迹

风雨已经将大地赞美了一遍　我接着赞美
青绿的庄稼　碑铭　城市　道路　水库　电站　火山
这些现成的文字　喂养着人类
我的影子是我的象形文字　喂养着自己
摸索十字路口的篇章结构　内部的转折　我略略倾斜
生活收下了春天草籽一样堆积的偏旁字

其实这并非看似一个人的八卦阵
只是一位孤独的大地书写者　以至有人在找
上帝手头的那根绳子

（选自《绿风》2017 年第 1 期）

搬火车的人

一个傻子　衣衫破烂　面黄肌瘦　神志不清
日夜在东郊火车站一带遛达　旁若无人　感受着河山的抒情
在南来北往的人流中　他独自擦拭着天空的玻璃
他挺立那里　仿佛蓄足了拉起朝暾的力气
越过命运的险情　夕阳映红了脏兮兮的脸
他随时会报你灿烂的一笑　仿佛点击内心的八百米深处
夜半的千里火车来了　伴随着他的一声狂叫
会将睡梦中的居民惊醒　整个世界被提到半空
十里春光都在练习赞美
这一个搬火车的人

（选自《扬子江》2017 年第 5 期）

一分钟的快乐

我有一分钟的快乐
那么　一分钟之前呢
世界上到底发生了什么
无论悲伤　无论苦难
或一万年的沉积层
都是在孕育着快乐的种子
一分钟之后呢　又将要发生什么
哪怕是千年黑暗
都会被这一分钟的灯盏
照亮

（选自 2017 年 9 月 3 日《扬子晚报》）

亲人和万物（三首）

李　皓

爸爸的电工包

那只棕色的电工包
除了能掏出银色的扳手
红色把手的钳子，螺丝刀
以及抄着电表数字的蓝色卡片
还能不时地掏出绿里透红的
苹果，桃子，梨
紫色的李子，黄色的杏子
残留着泥土的花生

于是乎
爸爸的电工包
除了皮革的味道
还有水果的芳香
那些饥馑的年份里
我练就了一样特殊本领
只要近前闻一闻
我就能准确地猜出爸爸
今天又给我们带回了什么

如今那只电工包
不知躺在哪个角落里

我猜想它的皮子正在慢慢
变硬，风干
像爸爸的皮肤一样
干涩，缺乏光泽

我的嗅觉也不再那么灵敏了
从那只电工包里
唯一能掏出来的
大概只有思念了
而思念的味道
只有慢慢品尝
才能从那些工具里
分离出苹果，桃子和梨
分离出当年披星戴月的爸爸
身上的月光和星光

用一滴谷雨敲打春天

谷雨不期而至，代表春天正在过气
从积雪里蹦出来的春天，过于自以为是了
必须有一滴雨，为它的不切实际，断后

春天总以为自己生机无限，动辄就是整个森林
再肥胖的叶子，终究难逃干瘪的宿命
像虚妄的漂浮物，臃肿轻佻，一触即破

非此即彼是一种值得推崇的美德，不拒绝不等于
默许和允诺。谷雨让春天和夏天泾渭分明
把春天打回原形，把夏天请进生命

谷子最值得推敲，恰切的丰腴，必要的洁癖
当谷子代替了雨，云彩可有可无
腾出的天空弥足珍贵，云雨只是痴人说梦

一粒谷子与春梦恶语相向，一滴雨徒有阴谋
雨和雨的联手，使雨更加索然无味
在一滴雨里耕种，谷子才是行家里手

五月，到敖汉旗看杏花

在五月的敖汉
一粒小米就是一朵杏花
一朵杏花就是妈妈的一撮白发
春天来的时候
一夜之间
杏花就爬满了妈妈的额头

敖汉的小米
有时候是黄的
有时候是绿的
但它终究是白的
一如那漫山遍野的乡愁
怎么也挥之不去

大黑山层层叠叠
牤牛河浩浩荡荡
一朵杏花指点着另一朵杏花
沿着梯田

一步一步向云朵上攀援
把科尔沁流盼的眼神踮高

小米的历史有多久
敖汉的杏花就开多久
八千年的瞬间
只是将生小米煮成了香粥
只是杏花开了又谢
只是我们爱过又忘记

在春风里相约
每一树杏花都是飘香的路标
指向正在返青的大草原
指向早已发紫的苜蓿地
而一朵杏花里的尘世
那么令人荡气回肠

（选自《脊梁》2017 年第 5 期）

粮食与水（二首）

邓太忠

粮食们

一出村就自我陶醉
睡过土地的身体
繁花似锦
跨过好多道界碑
幻想与梦话挂满青藤
不痛不痒的主题
难过十分

然而，秋天
还在人们的眼里饱含泪水
果实面对冬天
痉挛的那部分已经失忆
从这道门到那扇窗
陷阱的尺码
洞穿生命的暗伤

水叹息

上天入地，是上帝
也是苦行僧

看穿的那些隐私
都成为自己的秘密
无孔不入之后
仍然没有充实的内心
土地宽容的温柔
在一滴露珠的想法里
拥抱了太阳
穿过的天堂，只有
黑白交替的光阴

错失良机的江河
一片宁静
刚柔在世俗的偏见里
一败涂地

（选自《星星》诗刊 2017 年第 11 期）

在春天（三首）

代红杰

春天打开了我的窗扉

四季分明的华北平原，现在是春天
是万物回归的三月。叶绿、鸟鸣都是A角
随时随地都可以看到——
很多喊出和喊不出名字的菜草举高了自己
很多鸟抖落了暗藏的尘土亮出了颜色各异的翅膀
这时刻，我的眼睛是富裕的
我把很多的颜色粘贴在诗中
甚至我从公园的假山身上
听出去年春天我留给真山的喘嘘
我太喜欢顺着根茎轻轻抚摸一些小草
那一刻，我像极了它们的父亲

初　春

羊在土坡上，一点绿，一点绿地
捡草吃。被羊嘴抚摸过的土坡，在羊身后
一簇簇，一片片，大面积的绿了
让人怀疑，是羊在吃草
还是，羊在喂草

春天的村庄

通过九孔桥，往太行山的深处
目光一路绿过去
依次穿越花木、石盆、活水
这些有着春天名分的村庄
我相信给这些村庄留下名字的
一定是个女人，和春天一样鲜艳
甚至有点妖冶
最后我们落轿禅房村，正是中午
阳光似雨，油菜花的海洋金色阔绰
蝴蝶机警，犹如白色的浪花在跳动
天堂的云朵舒卷开来
春天的芬芳软化了土地的血管
“逢春不游乐，但恐是痴人”
有谁在乎那个杈在杨树上的鸟巢
像不像是冬天萎缩的小脑呢

（选自《诗选刊》2017年第7期）

雪人传（外一首）

唐　毅

几只小鸟蹑足而至
雪地觅食。应是对胖得像雪的雪人
心存疑惧：那一抹红唇
泛着野草莓的光泽

走开又走近的小鸟
终于知道：那不过是像人的一堆雪
仅有仪表并无心机
却又一副天生的好脾气

（选自 2017 年 3 月 10 日《四川日报》）

旧椅子

一把旧椅子摆在小店里
漆色有些斑驳，像是等我认领已久
几乎没有讨价还价
丢失的小木块，也被认为是残缺之美

洗去风尘，才认出它真正的旧模样
有过的交集就到前世了
那时我著一袭蓝衫
课耕归来，还得坐理家中的一些俗务

（选自 2017 年 8 月 27 日《扬子晚报》）

随便折一根柳枝（外二首）

苍　耳

随便捡一块废铁都能发现
旧锁链的某一环。随便翻出一坨旧铜，
都能听见唢呐的幽咽之声。
随便折一根柳枝，都能读到
流放者涌出的灼绿的泪水。
在苍黄的古渡口，随便吹起波浪的劲风
难道不曾发觉大理石铭文之虚妄？
正如随便瞥一眼——
那判决书般的薄云中一只受伤的悲鹳，
你不曾透见内心深藏的断箭？

端　倪

冬天扔来一个包袱。我没理由
不拎着它上路，也不能
马上抖开它。世界太老谋深算了。
谁在奉劝我？谢谢，我不奉陪了。
我得赶路，不，不是赶集。
旧年的红气球干瘪了。苍蝇们真够精美
癞蛤蟆让一群家鹅感动。那是什么黑翅
竟想遮没我，让我忘却手中之物？
事情其实并不复杂。如果爱莺歌

就不必乔装成猫头鹰的粉丝。

当然，洪水漫过断桥是对的。
右手青筋暴起，左眼充血
或者相反。学习哑巴的赞美方式
将加速接近一只青白葫芦。
它因太老而太嫩。这是一种艺术。
但我不会出现在你指定的地方
永远不会。那已死的或将生的
其实并未准备好。伙计，我连雨披
也没带呢。哦，巧舌如簧的夏天
听一个老孩子吹口哨也是好的。

陵阳，陵阳

它们是青花瓷做的钟然后
在青阳腔中响起。它们不会尝试
用巴茅的灰烬聚成青灯，也不会
用一粒蛙鸣测量一个中年人
那可怜巴巴的记忆。它们需要
白日梦，而拱桥
已呼唤不起那不存在但依然
在呼吸的残冬里的事物。
当你带着枯干的根须
来到旷野找寻它下面的星星
它们却在这一年的梅雨中
用结核病的肺叶唱完了
最后一首民谣。它们是剪纸里的井
但三十年后惊鸿一瞥，依然不会

刺破它的梦境。谁在撒谎？
谁在你的镜子里添加了迷幻剂？
现在南溪河开始卷走
临近黄昏的我，连同它们一起
砍倒在成片成片的耀眼的——
狗杂种的盗版建筑里。

（选自《海子诗刊》2017 年第 2 期）

三岔路口，一只羊（外一首）

方从飞

它站在五菱车斗上
受伤的后腿被缚住

它颤抖着，从空旷的人眼里
找寻同类。这让我想起
山坡、草地甚至荒原
那些它曾经待过的地方

它不停地叫，脖子上的
麻绳像一小段路快要走完
一张稚气未脱的脸，越看越像
一个少年，突然读懂了时世艰难

（选自《星星诗刊》2017 年 11 月号上旬刊）

在城市，与表弟相遇

村庄已经散了
山上树木也偷着跑出来
表弟努力用麻绳
把自己和城市捆在一起

表弟在街上看见我
隔着湍急的车流，不放弃地喊
像孩子认出故乡，真心欢喜
我们点燃往事，一口接一口
把劣质的生活深深吸入肺里
我们多次说到粮食
但自始而终
没提及荒芜的土地

（选自《星河》2017年夏季卷）

皮影戏（外一首）

袁东瑛

今夜之后，万人皆入睡
而我一直在跟踪
木偶背后那一根根线索
机关与暗道

三尺生绡上
生旦净末丑，全是你的角
谁操纵了他们的爱恨情仇
谁又操纵了你的命运

我接受在此之前
任何一种意义上的失败
我需要重新分裂一次自己
拆卸、肢解，粉碎
抽干身体里的血

比对我之前与之后的人生
哦，每一天
我也是一个木偶
被时间与生活摆布

而今夜，我想另选骨眼
用枢钉或细牛皮条

搓成一根结实的肋骨
给木偶按一个
真正的脊梁

春 分

南风带走最后一朵雪花
春天，才按原路返回

蝴蝶敢接近那些花蕊
燕子敢带来一些雷鸣
这一刻，我想起身
去向大地
讨要二分之一的人间

这个黑与白的世界
我是它过去的时光胶片
春分过后
那些黑，覆盖过多少个白
那些白，就会洗净多少个黑

而东方大白的天下
一道霞光就是千金一刻
那些移花接木的虚情假意
都会在这一天
洗涤肝肠

（选自《作家》2017 年第 10 期）

林肯传（外一首）

徐春芳

我劈过柴，做过律师和水手
我丈量过故乡的野花、土地和河流
我没有硕士、博士学位
青年时如一块漂浮在水上的木头

我和徐春芳一样不喜欢杀戮——
哪怕是蚂蚁，所有的生命也值得尊重
见到仰慕的女孩子，我像断水的水龙头
结结巴巴，变得不会说话
我见过太多的不公——
黑人像鸡鸭一样绑在船头上
“我还没有做过任何事情让人记得我啊！”
我曾经黯然神伤，唯恐华年成为破布——
我的财富——老婆欠下的大笔债务
还有黑人的笑容和后世的传诵
想不到，此刻
一声命运的枪响
让我的死亡有了不朽的重量

离去的我，成了灵魂和自由的祖国
——悲剧，是英雄的人生

恍　惚

此刻，我行走在梦里
画面像粗糙、满是划痕
的老电影

也许是在平行宇宙里
晃动着变形的影子，无穷无尽

那里看不到任何人
只有细雨、轻寒、鸦啼和密林

我无法喘息，沉默在倾听沉默
一条红蛇盘旋在花园的小径

罪业是吞食腐尸的鹫鹰
也是化成水的冰激凌

把不幸埋葬在故乡的松林里
母亲含泪的眼睛——
是两块温暖的补丁

神有很多办法，静夜里——
月光闪烁着灵魂的清醒

（选自《诗潮》杂志社 2017 年第 10 期）

时间的秘密（外一首）

张　元

黄昏来临的时候，就有海水
被月光锈蚀
让波涛慢慢的靠近宿命
留下一半沉默的影子
与世俗保持越来越近的距离
又如跋涉已久的忧伤
在黑暗中滑过，每一寸心事
包括遗憾
都将要在天亮前开花
长出生活细微的皱纹

我写下了这样的句子

选择被选择所背叛
美好被美好所否定
我不得不和世俗假装着朋友
又在内心痛苦着煎熬

诗歌因为一些句子而变得深沉
当孤独因为寂静而产生出泡沫，瞬间
就能弥漫七月的草原

还能去远足的漂流
打转的涟漪，歌颂出了更多的不幸
我的花圃总是开了又败
就像我们多难的命运，总是枯了又荣

（选自《福建文学》2017 年第 6 期）

一切从大海开始

李　成

正午的海

那一缕微风
远来　萦绕在我的指尖

我的手松开来
波光粼粼
一叶叶帆飘曳

太阳从鸥翅上坠落
摇晃

海　还是平静的吗?
走过千里万里
多少世纪深邃的黑暗
每一朵浪花都笑盈盈
海　要翻过来
或从海床上退出
露出海底的花园

一叶一叶风帆从岩丛间
航向天宇

海 岸

海浪来了又去
去了又来
浪花就是浪子

你与海浪抵死
缠绵　又
拒绝

你站在这里
自从有了海
你就站在这里

你为何不是海
让浪花覆盖
你的胸脯

你来了
伸开无尽的手臂
拥抱着大海
拥抱着无尽的月色

大海远远地退去
又匍匐而来
——永远是你的孩子

春天的海滩

那些浪花
从远方　从深海里
翻涌出来
带着冰凉的漆黑的记忆

荒凉的海滩
在向前延展
漆黑的淤泥还在回味
刚才浪花的情话——惆怅

那里有一只鹭鸶在觅食
有几棵小树在摇曳
——已悄悄地生出了绿叶
一缕海风掠过
现在　那只鹭鸶扇动了翅膀
飞向朝阳
一百只鹭鸶扇动了翅膀
飞过海岸

两个孩子手拉手走来了
他们奔跑着　拉着风筝
他们要把渔村和小岛
放飞到天上
那些浪花
也像烂熳的山花
在海岸上怒放
并越来越焕发光芒……

（选自《上海诗人》2017 年第 5 期）

选　萃

XUANCUI

翘望我的眼睛在大地上生长

梁晓明

山坡是我的光，是我家庭里翘望的梦想
　　我因此彻底告别了夜晚
山坡朝微笑的窗口呼喊
　　把闲暇的蜜蜂
带到我疼痛的膝盖前

那制造垃圾的人
　　是我的邻居
在半夜谋划我围墙的高度
　　把侧灯照亮的钥匙
　　放在我的门槛
之后他转身把世界抛弃
　　好像他上衣的玻璃纽扣
被一个人的目光无声地偷走

现在我可以高过屋脊，可以在瓦片上
与月亮坐谈
　　现在我可以穿上黑暗
　　在一块手帕中
　　我高声欢呼旅馆的到来

我开始写诗
　　钢笔展开了飞鸟的翅膀

在破陋的柴房中诞生的黑猫
　　她惊惶的叫声引导着我

　　我重新发现了我偶然的欢乐
我走近她
　　一整个上午我向她接近

树叶说了一次　　花朵说了一次
　　我在第三次倾听中找到了今天

（选自《莽原》2017 年第 5 期）

在蘑菇滩

胡　杨

稀疏的白刺
在西风中愈发坚硬

红柳的红和紫
举在头顶
远远就看见了

春天的潮水漫过原野
阳光捞出
其中的盐和碱
白花花的
远远也能看见

雨后的人们
低头寻觅
看有没有一朵两朵
新鲜的草菌

找了半天
什么也没有

原来
这是一个香喷喷的名字啊

（选自《扬子江》2017 年第 4 期）

对一位突然消逝的诗人的怀念

匡文留

你的名字是淡淡的诗意
有晶莹的蓝，眼泪的味道
一年中总会有那么几个日子
你就是她们

三十年，怎么薄如一页纸呢
三十年，就是薄如一页纸
你和我同在上面
我的手臂搭在你的肩
各自都年轻得认不出自己

对你的怀念是一尊大佛
在龙门，我挽住你对镜头说
菩萨在上
对你的怀念是一枚芒果
是彝人火把节之夜
闪闪发光的左脚舞
是焉支山，戈壁冷硬的一隅
你的手电筒直指苍穹，我看见
星星们精灵般纷纷莅临
使我对诗歌的温度
未曾在那么遥远的岁月
变冷

如此自语般讲述我对你的怀念
我没有一丝一毫卑微
你从来就是朴实亲和的邻家姐妹
就是我多年的同桌
我们将皮筋跳进阳光
把毽子踢成韵律和节拍

我衣橱中有许多条围巾
时常更换并淘汰
唯独那条红纱巾
她静默，却依然鲜艳着

（选自《民族文学》2017年第1期）

春雨过后，我是新鲜的

左　岸

春雨过后的原野
看什么什么都新鲜，听什么什么都可爱
阳光在桦树叶上软弱得像一只甲壳虫
几只喜鹊站在枝头
不断地抖动羽毛
落下湿漉漉的夜色，被一朵花抿进嘴里
她要保存好
一定会有人来认领
她在慢慢咀嚼这份不属于自己的幸福
一只饥饿的山羊
小心翼翼绕道而过

而我的心
突然找到这块丢弃多年的糖

（选自《岁月》2017 年第 3 期）

与妻书

柴立政

远远地，一片树林朦胧闪烁
近了认出有叫京杨的，有叫旱柳的

我和妻杨柳依依，朴素地绿着
老去的时间，竟如此随意而葱茏

（选自《长城文艺》2017 年第 1 期）

生　辰

冰　水

我想带一壶酒，去你的家乡
带一只小火炉，煮酒
把我的身体挤进你的岁月
脸颊绯红
像早晨的露珠亲近太阳

在你的家乡，醉一场
醉是轻盈
听我说：这醉酒的夜色
是一个信仰
我们要像局外人一样过日子

那些疼你的人
终将从远方赶来
慢慢靠近。在时间的秩序里：
游弋，种植因果

（选自《诗刊》2017年10月号下半月刊）

春风引

袁雪蕾

秋风有一千种刀法，把草木送上断头台
春风有一万剂药方，证明种子还活着
两股风打结子的地方
是灰烬炼成春雷的胸膛
当群山起伏碧玉带，江河挥动春臂膀
那个学闪电打降龙十八掌的女人
冬眠初醒
静坐菱花镜前，画红妆
五官全是绿色的

（选自 2017 年 3 月 9 日《文学报》）

遇见你

流　云

天空中的蓝
白浪中的帆
春光中的小雨点
不如你这一双明亮的眼

吉他的弦
玫瑰花的瓣
青山上唱歌的泉
不如你这一张天使的脸

锣鼓的喧
汽笛的欢
开山人的呐喊
不如妈妈对你轻柔的唤

蕊蕾的鲜
清风的暖
雪绒花的软
不如妈妈哺育你乳汁的甜

（选自2017年11月10日《大众日报》）

我只用孤独的干净回答

——给天池

周庆荣

博格达峰是苍茫的
我来到这里，天山的雪这样白
白成了我的亲人
它在最高的位置冷静，在最亮的风口写诗
我喜爱它一袭白色的长衫
数朵雪莲
它一尘不染的态度
我必须乘船在天池的水面
我要这样的态度
我还喜爱雪变成了水
汇集在山间
这个现实主义的过程
白云、天空、深刻的蓝
它们与我陪同着山峰
这是一池天水里的日常内容
我站在船头
天池不但容纳了我全部的远方
还容纳了波浪的叹息
峰峦的拥挤

这是一个干净的世界对混浊的回答
这干净，让我看到我孤独的白纸
它暗示我
天池的策略就是我的策略
我只用孤独的干净回答
独自的沧桑

（选自《西部》2017 年第 1 期）

塞克草原

亚　楠

这天山眠床，摇篮曲
缓慢流淌
在云里。牧歌的疆土明净
若仙女散花

羊群依旧悠闲
在花丛里休眠的金翅雀
把头枕在童话上

听一片云的呢喃
清风，和明媚簇拥在一起
进入盛世
和人间天堂——

远处，雪山明亮
这不朽的灯塔，在高处
廓清阴霾

（选自 2017 年 11 月 13 日《人民日报》）

风还在刮

宁 明

刮了几天的风，还在刮
风终于让一座城市的表情
出现断崖式的冷漠

风得意的时候
喜欢吹着口哨走路
人们看不见风，风声却无处不在

垂柳在湖面上刚写下几句温暖的话
风就来了
墨迹未干，已变成一张废纸

站在风口中的大树和小树
刻意保持着立场坚定
但也难免出现几次思想上的摇摆

只有曾经沧海善于使舵的人
见到了风
心中才会，暗暗掠过一阵欢喜

（选自《中国诗歌》2017年第8期）

故乡在风中

刘克祥

九月金黄，田间劳作的母亲
站成一颗稻子
在泥土的香气中拔节
打鱼人一根长篙
流水的琴音里
时光之鱼在蓝天中穿梭
这是故乡的底色
涂抹在明晃晃的水面
几只白鹅像骄傲的公主
庄稼高于父亲的脊背
活着就要扎根
田野上道道辙印深陷
粮食回家
一代一代人的土地上
这是光辉的馈赠
像太阳一样照耀人类
鸟栖于故乡
夕阳在窗口
遥远的流水里
我听不见胸膛里奔出的声音
窄窄的田埂
一头牛无法还原
连同它的骨头，它的血

这是一个民族深重的苦难
远山点点如帆
祖先的坟墓像一只饥饿的大碗
扣在这曾经荣耀的土地上
一片叶子轻轻地飘落

（选自《上海诗人》2017 年第 4 期）

山顶洞

周占林

没有一朵花为你歌唱
那青青的石头
漂泊万年
故乡的影子早已被风
吹散，曾经的荣光
被一根骨针刺穿

石做的器皿远比现在高级
我们的陶瓷
历经千年，精致无比
只是轻轻一碰
便会碎为一地心伤
缺少了坚硬
人的腰便再也直不起来

风声不变，洞口的石头依旧
苍莽如斯
什么都不需要改变
万年之后，山顶洞仍然
挺立于此，宠辱不惊

（选自《人民文学》2017 年增刊）

夏 蝉

王爱红

一只蝉
在我家的纱窗上
鸣叫
像是引领一首歌
一首高亢的夏蝉大合唱

她面对着我
是为我而歌
作为听众，我骄傲
为全世界
为一个季节
如果是观众，还有你
你看，她就像一个音符
点缀在风的五线谱上

我靠近她
本想看一看
与家乡的那种无法拼写
又羞于称谓的蝉
是不是有所不同
有所改变

戏弄琴弦

隔着一扇玻璃
我轻叩门扉
她戛然而止
如同止于秋末
但并不觉得好奇

不知道什么时候
她倏忽飞走了
我知道她去向何方
打开窗子
我看见一张细细的网
扬起一千只手
蝉鸣如沸

（选自《海燕》2017 年第 11 期）

遇　见

张芳泥

曾经，他是天空中的一朵云
没有方向　也不想远航
漫无边际地游荡
有时，会被一阵风
带到自己也不知道的地方

曾经，她是荷塘里一株白莲
保持心底的纯净
不慕玫瑰的芬芳
只为偶尔经过的蝴蝶
露出浅浅微笑并且
目送它飞往艳丽的花房

终于　这一天来临
游荡的云，停在了
日月同辉的山顶
阳光照脸，月亮补了淡妆
含苞待放的莲，等来了
期待已久的目光
羞涩的白莲不再迟疑
抛开世俗，为伊人倾情绽放……

（选自《火花》2017年增刊）

转经人的影子

禺　农

因为专注，转经人的影子
只投射给了别人的眼睛
墙壁能让影子立起来
而一颗心，早已五体投地

影子跳什么样的舞
都拖不住他前行的脚步
他并不在乎
影子是否与自己相伴同行
他的躯体，也是随心而动的影子

对于他，或者影子
可以贴上任何颜色的标签
但，手中的指引
千万回转动，始终如一

（选自禺农诗集《时光不避冷暖》，上海文艺出版社 2017 年 3 月版）

迎迓春色

黄松柏

春雪招摇，天涯缤纷
馨香飞起来
门前十里桃红，醉了飞燕

春风，为花而来，
花，为果而开
我的诗，为迎春而起兴

还原柔柳般的童心
迎你千山万水
从不信命运赏赐春华
苦旅漫漫将带来万紫千红

与你相约，是我的向往
你的风景更新着我的季节
你的美丽在，我便不会老去

（选自《中国诗人》2017年第3期）

那些盛开的荷花，全是想我的

柳　歌

这一刻的阳光真好，整个白洋淀里
全都洒满了金子，波光粼粼
更为奢侈的，还有一阵和煦的南风
是从天上吹来的；你倘若不醉
醉的，就一定是这满淀的碧水
涟漪由里向外，摇晃个不停

进入荷花淀里，并不是所有的荷花
都是爱我的。那些尚未绽开的
让我由衷的敬佩：不见到所爱的人
绝不会打开内心的花朵
历经千年了，你还一直坚守着自己
许下的承诺

这些盛开的荷花，全是想我的
手里捧着的，当然是我们最初的约定
在一部诗经中误入藕花深处
又在一阕宋词里，闪现过一个影子
在这个六月里邂逅，绿肥红瘦
你看过来的眼神，让我瞬间就乱了方寸

身处荷花丛中，我别无他求
只要一生余下的日子，不再漂浮不定

让时光静止于这一刻，心里装满
白洋淀的碧水，水中开着大朵的荷花
把一个个梦，做成莲蓬的形状
荷花的颜色

（选自《大风诗刊》2017 年第 1 期）

我要过一回鸡鸭成群的日子

王明远

就在那片原野上
筑一道通透的篱笆
盖两间草房
种一片菜地
东边养鸡　西边养鸭

我要过一回鸡鸭成群的日子
赶一群鸭下河
在云水间穿行
领一帮小鸡上山
喊天喊地喊日月

夕阳西下
灶堂里我撑起了天地
炊烟渐渐横起
隔开了白昼与黑夜
也隔开了喧嚣与宁静

哄鸡鸭回家
一声声古老的民谣在乡野间飘散
篱笆墙里　茅草屋内
一铺厚实的大炕
直睡到黎明　自然醒来

（选自 2017 年 4 月 23 日《海南日报》）

灰　雀

武　稚

往深处去，但并不想往深处想；
像灰暗的暗，但并非有黑暗的黑。

风吹一次，身子就虚静一次，
就这样不屑把美呈现。

从未站在高处欢跳、暧昧，
也从未行走在烟花丛中，
万物过于美好，这些都与它无关。

只是习惯放逐与隐匿，
只是踱在远方，也生活在远方，
只是把自由从眼里轻轻传递。

灰雀，灰雀，
我多想像你一样，把阴影踩在脚下，
我多想把心胸袒露给露珠、大地。

同一个天空下，你要知道，
失去容颜，处在你这个档次，
活下去，多么不易！

（选自《诗歌月刊》2017 年第 11 期）

枪在枕边

午　声

它醒着，从来不曾睡去
它沉默不语，很有尊严
它无比刚强无比平实
它的身体就是光束
擎起赤色的旗帜
走过战争烽火

亲情源于它
它给了生活殷实和欢乐
给了土地盛产和肥沃

爱情源于它
它把悲壮演绎成甜蜜
把真情弹奏成凯歌

它把正义深埋心底
它的膛线喷射的不是子弹
是信仰对信仰的撞击

它就在枕边

（选自 2017 年 4 月 24 日《解放军报》）

秋 荷

罗玉玲

江南，十万里风荷正举
那最娇柔的莲花
是你款款深情电眼劈中的一朵

一百次的妩媚，让人
视觉疲劳习以为常
偶然一次喜欢，让人心跳

当莲蓬采尽，水塘
再现一湖绿色的深情
一切还是风平浪静的模样

没有人知道，只剩下水塘里
漂移的白色云朵，在打捞
旧日的心事，孕育一场无名的风暴

其实，这是最好的结局
——残留一些温情
连同雨后秋荷，让人怜爱回忆

还好，没有挥霍掉全部热情
在冬天一场大雪未到的时候
就这样，满塘秋荷随风，四处走散

（选自罗玉玲诗集《时光的味道》，中国大地出版社2017年10月版）

提灯的人

唐朝白云

迷失在清明上河图的画卷中
提灯的人，尾随一只乌鸦
一挥手，抹去太阳、月亮和星星
一落脚，踏空城市和乡村
踩平高高低低的山、坑坑洼洼的路和波浪起伏的田野
一侧身，揠息远近的钟声、市井的叫卖和呼呼的风雨
接着，弯腰捡拾两行永远无法靠拢的脚印
咽下七粒比石子坚硬、八枚比冰霜寒冷的咳嗽
最后，提灯的人环顾四野
将烫痛了手指的烟蒂，狠狠摁在一款闲章上
无边无际的夜色“哎哟”了一声
——提灯的人
终于，找到了出口

（选自《上海诗人》2017年第4期）

苏 院

祝相宽

一个被春风唤醒的村庄
花事一场接着一场
一座用花朵抒情的小院
让院落的主人，笑口常开

红花扮街巷，绿树映墙白
一池锦鳞，唤几朵红莲出水
四方通达，看一地金黄油菜

我曾在一面文化墙前驻足
体会苏秦苏武苏东坡后人的风采
我曾与一枚亭亭玉立的荷花合影
猜想周敦颐可否乘一轮圆月归来

苏院有根
有大运河滋养的沃土
苏院有情
有花香浸透的心灵
苏院有福
有梨花、桃花交相绽放的喜事

好风，在往苏院吹
好人，在向苏院来

（选自 2017 年 6 月 1 日《沧州日报》）

祝　福

雁　飞

我用阳光，祝福黎明
以和煦，祝福春风
以花开，祝福欢颜

以璞玉，祝福明珠
以玲珑温存的心
祝福粗犷的外表
以聪慧贤淑之气
祝福圆融的为人

祝福树，枝结连理
祝福鸟，比翼云天
人间的一切
从美好开始
天地，因爱而美

我无意成为一座大山
但我祈祷我的祝福
成为大河
奔腾不息，源远流长

（选自《上海诗人》2017年第4期）

广阔把事物推远

沙　克

什么位置，什么尺度
或者什么意向
那些候鸟，那些走遍天涯的
飞到太空的人与物
衔着一种策划，一种目的

直至损伤大于收获
为什么从飞蛾到鹞鹰前赴后继
火，能，内力的执迷？
它要花果的乌托邦
它要血火的被虐

是广阔把事物推远
是纹丝不动的意气把持
千年，万里，想象力的召唤
与敬礼——
广阔那头可能的美与村落

（选自团结出版社《汉诗界》2017年第1期）

大路边的桔子树

江　浩

果子早已不知去向
墨绿色的叶子
绻缩。冬眠于虬枝上
它正思考下一季，该用哪根枝条
长出果实。该趁着阳光充足
早一些，压入甘甜
“大路边的李子是苦的”。它
拥有同样的命运，欣赏之后
过早被採摘，被顽童嚼入口中
又吐出。小石块般击打着
当三星螵虫，开始练习爬行
当灰麻雀的尖喙，再次伸向它
它是否后悔，从桔园里被迁出
钉在这大路边

（选自《上海诗人》2017 年第 4 期）

光 芒

徐柏坚

流星雨惊起天文台上空的鸽子
这世界的一刻，星光笼罩天堂的阶梯
神女星座照亮大地上的河流、芦苇丛
我们在黑夜里赶路
风低低地吹在荒凉的野草滩
一些枯黄的芦苇很高，而一些变低了

在黄昏，众多的鱼儿跃出大海
这些寻找源头的鱼
像山谷里一些野花，孤独地生长、凋落
我在内心深处等待日出
尘世的天空　让你大地上的孩子
感觉照耀的光芒

（选自《读者》2017 年第 8 期原创版）

梦你不在梦中

陈　丰

接近渡口，海水
漫过了脚趾
鱼，藏匿在船板下

我把所有的门打开
让熟知的一切都消失

我是你手上的一根线
系着你的过往，趁今夜
畅饮入醉，摇摇晃晃地梦你

梦你，你却不在梦中
你在遥远的异邦
收尾的蝉声越来越寂寥
于朦胧中，慢慢飘离屋顶

一阵雷鸣过后
各色花朵在空中开放
怎么看都像无数个你

（选自陈丰诗集《在你的江南》，吉林出版集团股份有限公司2017年9月）

老船木

韩庆成

曾经是伟岸的树
绿叶掩映的躯体，遮挡过
自海而来的台风
有一天它们集体倒下
斧刨锯凿的盛宴之后
成为劈浪的舷首
或远行的桨舵
成为一条奔向南方之海的船

而今它们静静躺在这里
残破的身躯
再一次被排列，被组合，被命名
成为厚重的桌、台、凳、椅
成为惊涛骇浪之后
一方沉默的海

我在这黑色的海上品茗
细小的纹理中藏有滔天的海浪
我品出遥远的腥风
品出将至的骤雨

（选自《诗歌周刊》2017 年 9 月 30 日第 279 期）

晚安，尘世

宫白云

晚安，孤独的酒醉与酒醒
一种头疼的恣意
头发乱了

晚安，烧沸的铁壶
安息着金戈铁马
时间呼吸看不见的硝烟

晚安，滴答的钟声
耗尽春梦的抱负
与措词的流变

晚安，秋天的野风
铺满薄荷的路
凉意，和复活

晚安，逐渐变薄的辰光
我渺小的海水
一捧速朽的香灰

（选自《中国诗歌》2017 年第 8 期）

天空倒了下来，我们已安于现状

马晓康

当谎言还未被掺进泥土时
人们尝试在薄雾中围成一个圈，不久
彼此湿润过的舌头们，缠绕成线
勾勒出一群坠落于飞翔的鸟

兄弟，我们曾误入森林
没有炊烟的地方太冷，只好用落叶替自己遮羞
拜香求神的人砍断藤蔓，纵火——
在出路的尽头，我们低下头，做了帮凶……

多少次，阳光被折叠成黑色——
假象编织出一枚大口袋，所有回归成尘土的
再次被重塑了起来。兄弟
我们都不是扛着旗帜的杀手
多少次，我命令自己安静
多少次，自以为战胜的，再次带来了恐惧
多少次，我在梦中绊倒——
冷空气里充斥着热烈的欢呼

（选自《延河》2017年6期下半月刊）

赤金山

赵兴高

赤金山，山脚下的那条沙石路
是你的一条胳膊
你把自己藏在另一条胳膊的臂弯里
我把你的头
当成了戈壁滩上随便的一块石头

一座泥塔，锥形的塔尖
指向天空
这是一只竖起的耳朵
赤金山，听到空中雷的声音了吗

太阳举着火把走了
没有人为一场大火负责
山体红着
惊飞的麻雀
像是被风吹散的灰烬
赤金山，是一盆燃烧着的火

山谷像是用刀削出来的一样
我因此断定，石壁上的岩画
也出自同一个人的手
我还固执地给这个人取了个名字
叫岁月

岩画里两位先祖的长矛
挑裂了石块
一群被追逐着的猎物
令山体颤动起来
我的视线颤动起来

沉默是石头的语言
花朵是红柳的语言
目光，是我和谁的语言啊

一只鹰飞来，又一只鹰飞来
十一只鹰，把赤金山抬高到
天空的高度

夜色已浓
我在寻找着天上的先祖
月亮月亮，今夜
让我把一束赤金山峭壁上的山菊花
插在你乳白色的花瓶上

（选自《诗林》2017 年第 1 期）

寻　魂

王祥康

灯点起来　纸成了灰
岸上的亲人哭哑了
水里的表哥　十八岁的表哥
你耳朵里的海水有涛声吗？
如果听见　你就上岸吧
表哥　弯弯曲曲是回家的路
跟紧亲人的脚步
这个路口你是不是听到
约你下海讨鱼的伙伴
这个拐弯处你的眼睛曾经落在
一个女孩的背部
你看到她转身了吗？
亲人们寻你的声音有长有短
到家了　你要跪下来
寻到的魂一定要在门口停一停
让亲人安静地睡下

（选自《诗探索》2017 年第三辑作品卷）

他背着的仍然是一袋石头

李建华

他独自背一袋石头走过
而我只是路过。背上
每天添加一小块石头
汗水，从往返的脸颊不停地滴下

日子越背越重啊
童年的骨骼，难以支撑最大的心愿
当背上的石头，与妈妈的体重相等
他就能背起瘫痪的日子去上学

他越走越小，九岁八岁七岁
背上的妈妈，是越背越重
还是越背越轻
他朝着与落日相反的方向走
面前延长的影子，无法解释自身的苦难

他背着的石头不是石头
是大山的子子孙孙
和他一起慢慢地长大

（选自《大西北诗人》2017年第5期）

戈壁树根

段光安

戈壁狞厉的风
把土蚀光
又把沙剔净
树只剩根
与石共生
根刺入石头
撑裂石头
又紧紧握住石头
烈日焚烧
把戈壁点燃
一簇簇根丛
一团团生命之火燎动

（选自 2017 年 3 月 22 日《解放军报》）

拨云岭

潘新日

拨云岭风光无限，她能拨云见日
也可喊来牡丹鲜红的朝霞，还有炊烟
然后，把核桃树老了的心挑出来
在太阳底下晒干

我要清早的雾在醉美乡村里迷路
如我用酒泡过的朦胧诗，绕道而行
青苔做着碧绿的梦，我看见她站在水里
把下酒的词放进线装书的最后
书本夹扁的歌声，养育了所有庄稼

秋天来临，霜打的农谚萎靡不振
一句，用来耙地；一句，用来酿酒
既然学会了编织，别忘了编一些花香进来
鸟声凋落，一滴一滴的麦粒里面
是香油拌过的景致

山岭抬高的美不会游走，不如伊水
娇柔的身段藏着灵气，心软得要命
可以看见雨，看见羊肠小道
唯一看不见的是她的心思

我不要你们安静，我要你们繁华如初
站立的石头，和行走的白云
在九龙山，在拨云岭，还有粮食
都要学会双手合十，不断地提醒
不信，看看门口的篱笆
风来时，肯定是漏洞百出

（选自《诗歌月刊》2017 年第 6 期）

雪花问答

赵国培

用什么数字，
计算你的年龄？

只能略大于零。

为何来去匆匆，
不做人间的寿星？

怕尘沾黑染，
玷污自己
纯洁完整的一生。

空中的精灵哦
如今的岁月里
你越来越稀有了

（选自《北京诗人》2017 年冬季刊）

乌　鸦

凡　羊

秋日午后，我坐在山坡
读一本过期的杂志
一只乌鸦“哇哇”地鸣叫
像一个老人不停的咳嗽

民间说：“乌鸦叫唤
是不祥的征兆。”我不迷信
但是整个下午
声声悲戚的啼鸣
不断往我身体里填埋
忧伤的石头

（选自《星星》诗刊 2017 年第 8 期）

凉　亭

阮文生

大野的棋枰上
下一粒孤独和荒寂较真
后退的蓝天里云岚飞动
都在狠里下劲呢
朝生里活条根
往重里挪一挪轻
木瓦条石对立着两面空洞
余下的墙壁收拢日月星辰
往来过去热闹了孤苦零丁
带不带深谋远虑都成格局
崩溃的汗珠一粒不漏
大颗大颗地补充密度和行程
流淌的担子
重重地压住自己的影子
这厢连着突起的异峰
那厢若隐若现着狗吠鸡鸣

（选自2017年9月7日《解放日报》）

傍晚，在敬亭山“独坐楼”独坐

心　亦

这根琴弦上的休止符，坐在乐音中，
被指挥用最简单的手势，轻松地替代。
演奏的手指滑过这里，都齐刷刷地停下来，
并且果断地走开。

一朵流云，被天空中无边的蓝色漂白。
它的影子与水面的波纹擦身而过，
却老死不相往来。

你从灯光里，带着你的影子，抽身离开。
泼墨中，你已迅速成为夜色里，
最亮、最酷、最沉的石块。
如刀的笔锋里，你竟然只是一粒无人理睬的碎白。

（选自台湾《创世纪诗刊》2017 年冬季刊）

夜读李商隐《锦瑟》

庄伟杰

蓦地，我听到《锦瑟》在今夜里弹响
那无端的五十弦，一弦一柱，让我想起
华年往事，想起心的竖琴，好久未曾撩拨
那句“庄生晓梦迷蝴蝶”，多么经典
难道是在写我，或者是我的写照

我是蝴蝶，翩翩起舞飞入梦中
梦醒之后，一切在转眼间已无迹可寻
当沧海月明长在眼里
当蓝田玉暖印在心底
时光如水浸染着静静的夜晚

当渺渺歌声进入体内
一如那小小竖琴，轻轻拨动
就鸣响不停，只是当时已惘然
当缕缕灵光藏在梦中
仿佛带有一点神秘，依然未知
似花翻蝶梦，此情可待成追忆

（选自《中国诗人》2017 年第 3 卷）

折子戏·台口

杨 矿

纵然拚命飞奔，今夜也跟不上你的脚步
转瞬即逝的爱情，快过音速和光速
大幕刚刚启开，又是一个千年
手中的花和台词，还没干枯
往事和旧情，被赶进绿皮火车
一列列，一列列
顺着吊杆和滑轮
发往时间的痛点和文字的深处

（选自《折子戏·吊脚楼》（中国文联出版社 2017 年版）

盲 区

第广龙

年轻时，时常思念
见一次多难
分开了，再相聚
不知何夕
你身体的大部分
是我双手的盲区

老了后，总在遗憾
天天在一起
面对面，不相识
多远算远
你灵魂的大部分
是我心跳的盲区

（选自《飞天》2017 年第 6 期）

远山装着巨大的神秘

娜仁琪琪格

草原之上是墨绿的丛林　而后就是连绵的山峦
一个人走向海日罕　浓郁低矮的灌木
向我交出了神秘　咻咻的小兽的喘息
近在咫尺

静默着坐下来　便触摸到了柔软的绒毛
漫卷的云遮住烈日　将天空压低
此时　我是离天庭最近的人　此时凡尘远离了我
纷扰远离了我　我只管静默着望向天际
瞬息万变的瑰丽　屏住了我的呼吸

再没有什么可纷扰我　撼动我
在扎鲁特草原　在连绵的山岭　在草原与丛林的结合处
我把自己坐成了一株花红　坐成寂静中的寂静
阳光罅隙的瀑布　沐浴了我
淹没了我

注：海日罕，蒙古语，山岳、高山的意思。

（选自《扬子江诗刊》2017 年第 5 期）

顶冰花

张映姝

四月的湖水，被困于
结冰的梦魇。风呼啦啦
鼓起衣裙，也刮散
那个幽蓝的念想

雪，还在山上
松柏，在。桥，也在
而我们走向老公路
走入谷底。另一种选择
视角，或境界

用吹乱的发，掩盖内心的
波澜。似一块鳞茎
在冰雪下发胀、痛痒
忍，是刃在心头
一点一点地划

所以，当顶冰花漫成嫩黄
我们唯有翻越，难以翻越的障碍
沿着满坡星星点点的花迹
慢慢收拢，散落的
碎片，拼接、粘补

（选自《伊犁河》2017年第4期）

微信年代

如　风

微信年代，我看见
大片的桃花正在窗外盛开
我得努力劝慰自己不要张望

微信年代，我的片言只语走得很远
我的时间支离破碎

当我在热热闹闹的微信群穿梭时
其实，我的身边空无一人

而我一再呈现的故乡
早已变了模样
我常常怀念的亲人，早已离散
我爱了又爱的人间，已千疮百孔

（选自《绿风》2017 年第 5 期

雪 人

爱 青

这个黄昏是你的　雪人
这双眼睛是你的
你的覆盖　和倾心
和那团无法熄灭的火

雪人　这里每一刻都是新的
这里有星期五
这里的酒杯倾斜
加深夜色

雪人　夜色披在我的肩上
夜色垂过膝盖
而我将爱你
像爱每天的疼痛和更深的疼痛

雪人　你会听见吗　我的深呼吸
深呼吸时，我抬高头颅
镜子会说话
镜子看见了，危险的我

（选自《朔方》2017 年第 11 期）

我在夜里读古诗词，想古代事

绿袖子

那时的白银，在泼墨处总是打着记号
银两会越来越多。一些来自铁匠的锻造
一些来自书生的盘缠，在路上——
时而离你很远
时而离你很近
殊不知，哪一头都与你不亲
哪一头都会有失散

站在柜台前的肯定是算帐先生
他架着一副眼镜，他尊重白银的成色
不包括平常人家腰间别着的那一二两
他们没有多余的银锭去银库存放

古代人还大都喜欢含银器的饰品
是有一种沾亲带故的元气
图个闹热。有的书生喜欢拿银两去换酒喝
大多姑娘却喜欢赶考的男人

而我在夜里读一首词，想古代的事
那时，街头车水马龙，那时你提着香囊
我牵着马。那时，水墨还是水墨
油画却不是油画
小碎银子满天飞，满天飞——

而现代人却是另一回事
喜欢上天惠赐更精致的金手饰
只是银库的银两越来越稀缺
银库，已从
清时代开始，经过民国，共和国
渐渐和银两疏离了好大一截
他们再也不拿银锭去当铺，去夜市——

那时不像现在，那时的白银只是白银
姑娘却还是姑娘。她们喜欢古银器
喜欢腰间别着一二两银锭的书生

（选自《草堂》2017年第2期）

旧时庭院

爱　松

松柏撑起流动
唯一的蓝
漫过童年和少年
让成年的身体
热爱且偏执

青石板落下雨滴
敲响一双　踏进门槛的鞋
令暮色更深
时光剥落
朱红色墙漆
露出一块块
纯木质的脸
冲我发呆
蔷薇盛大
石桌石凳石条
做了一夜梦
把紫红的清晨撑开

一蓬竹子中藏着秘密
每逢秋高气爽
里面会跑出几只小鸡

（选自《岁月》2017 年第 10–11 期合刊）

开门见雪

刁家乐

一眼就看到村头树上的喜鹊
它们喳喳的鸣叫
泄露了内心的喜悦

看见一辆秋天的马车
满载着年景堆成的雪
精米白面，盈满生活的平仄

村庄坐在雪里，想象并体验
那种春暖花开的感觉
开门见雪，就是看见日子
有了喜鹊登枝般的征兆和依托

（选自刁家乐诗集《菊香醉秋光》，团结出版社 2017 年 6 月版）

两片叶子

乐　冰

一片衰老的叶子落在地上
另一片紧跟着落在它身旁
仿佛一对不离不弃的老夫妻
在它们的眼里
一切都是多余的
除了彼此靠得近些，再近一些
相互抚摸，听着彼此的心跳
爱到只剩下一副躯壳
这大自然的美让人惊异
也让人想到万物的静好

（选自《星星》2017 年第 4 期）

从西藏归来

冷眉语

从西藏回来，我并没能带来什么
珠峰的雪，拉萨的雨，那曲的格桑花
在纳木错大声呼唤后
我的世界从此安静下来
偶尔有人问起这些
我羞于谈起一路的跋山涉水
只是忆在海拔的哪一个高度上缺氧
然后做出标记
把灵魂刻在那里

（选自《诗刊》2017 年 8 月号）

你的世界有多大

渭　水

你的呼吸有多大
你对世界的渴求
就有多大

你的罪孽有多深
你对世界的践踏
就有多深

你的爱心有多厚
你对世界的忠诚
就有多厚

你的世界究竟有多大
说大也大，说小也小
人生苦短谁也无法躲过
到头来只留下一方画押的黑匣
没有阳光，也没有牵挂
你的世界就这么大

（选自2017年1月13日《宝鸡日报》）

致青春

刘黄强

在中年　写下致青春的词语是多情的
但不容质疑　你看落日将隐
时间仓促得叶子不知何时发黄
爱也会发黄　记忆之书的册页上
不见你深深的酒窝

那个青涩的少女成了孩子的母亲
她的孩子不知不觉中掉落了一颗门牙
读书声清脆　沙哑　植入生活的炊烟
他的孩子在襁褓中摇晃
人间又多了一泡尿的味道

而山海经　潮生曲
滑向一枚落叶有举轻若重的表情
就像眼前的镜像　扭曲变形
左冲右突　始终输给一缕烟尘

秀发盘结于围裙抹布
俊朗谢顶于家国天下
信誓旦旦的青春呵　一欠再欠的债务
失措　惊慌　怀春或悲秋
站在白天和黑夜的交接点上
漏掉的是什么样的尖叫

（选自《绿风》2017 第 6 期）

持微火

宁延达

他将暗夜视为洞穴　坚定地点燃微火
腰带上别着匕首　也可以是钥匙
向着黑暗　一步步靠近
一阵风吹过　火光
仿佛春天涉世未深的草木

从再远处看去　持火者溶于暗处
豆大的光点
微弱　将他隐藏起来
旧路和来路　微火不断闪烁
像沙漠里的仙人掌
像钓者自由舒展后的浮标

也许是一个逃犯　即将把微火隐匿
也许是一个恐怖主义者　即将用微火点燃世界

但他越来越像一个诗人
就那么一小行一小行地
让光　扑面而来

（选自《四川文学》2017 年第 10 期）

酒　徒

李世俊

石头端坐白云
空气壁立
不灭不生，枯荣外

清澈回甘一粒粒红高粱
发酵的时间
一面陡峭的酒旗

从寺院推门出来的人
拐进巷口

旋转的大街。倒悬天空的
鬼胎

（选自《诗选刊》2017 年 8 月上半月刊）

锈 剑

张天国

入鞘和拔出
出自一手
存与毁源于一人
我怀揣一个名字
与你共享斜阳

黑夜来了
你把锋刃交于我手
把黑一劈两半
花朵上两只蝴蝶的眼睛
各奔西东
时间深处　白锈成黑

（选自 2017 年 9 月 29 日《西南商报》）

沿着45°角以上的陡坡爬山的人们

郑成雨

沿着45°角以上的陡坡爬山的人们
请不要大声说话，大口喘气，不要惊扰
流动的山泉，从头顶飘过的白云，说来就来的
雨点。请不要惊扰

山路两旁的金星蕨、蜈蚣草、山稔子和白头芦苇
还有那些大大小小的树木，和更深处
神秘的事物，在石缝、在悬崖、在山坡
它们挨挨挤挤就生，见到阳光就长

这里是时间的尽头，不需要流年和往事
请不要说出山下的物事，和风尘仆仆的人们
不要说出陶潜和王维，不要在这里诵读
他们那些自以为是的诗句

空气是它们的，风是它们的
阳光是它们的，请不要惊扰它们，在山中
我们要学会如何成为它们当中的
一滴、一朵、一只或一棵

请抹掉身体内外的阴影，在山中
每高声说出一句都是不敬
沿着45°角以上的陡坡爬山的人们
请把你们的腰，弯得更低一些

（选自《中国诗歌》2017年第10期）

古　寺

二月蓝

庙门紧闭
远方的灯笼红得寂寥
逶迤而来
立在月光和虫声中
一枝桂花
让我的右手高高扬起
掌上的五个指头
仿佛五位
瘦削的僧人

（选自《中国诗》2017 年第 2 期）

红袖添香

包容冰

用一种方式替代另一种方式
用一种爱替代另一种爱
童年孕育的向往在一块遮羞布里
慢慢长大。不为人知的故事藏着秘密
一本连环画装点了我的梦
红粉佳人，于大跃进运动中含恨死去

其实我的年龄对于那个时代极为不配
为何偏偏浮想联翩——
单纯的思想碰不出激情的浪花
月朗星疏的夜里，独自一个人仰望星空
蝙蝠擦响屋檐的寂寞，在我眼前萦来绕去
看不到它欢乐抑或忧愁的神态

我使劲长啊，疯狂去想：有一天
如果走出缺水的山沟，鸿运当头
于我伏案疾书的深夜，端着一杯热茶
悄悄而来，飘然而去
那是否就是红袖添香的高贵与奢侈
至今仿佛都是遥远的传说，神话般飘渺

面对这么一个温暖的短语
逾越天命的巨大冷凝，不可违约的成熟

昭示我一条人生哲理——
死亡的陷进里走出惊羡的美女
笑得像春天的桃花一样勾魂摄魄

（选自《中国诗人》2017 年第 4 期）

一个士兵，又一个士兵

中　海

某时，在一个替换间
仅仅是沉默——交接的词
和寂静中的海
军号响起，他在新到的手机铃声中
证实。另一个自己将被钉入寂寞

在驶离的瞬间证实
他无用的障眼法
另一个士兵紧握他紧握过的枪
他酷似闪电白驹，酷似
飞回体内的时间与急促哨声

寂静中他举起手
另一个士兵领受了他的意味深长
和时间的鑿刀——

而这个瞬间将陷于无数之间
都是寂静之声，质变之声
刚毅之声……
一个士兵，又一个士兵
在额头，都有闪电的余光

（选自《解放军文艺》2017 年第 8 期）

暖 冬

李尚朝

她老眼昏花，但还听得见寒冷的松风
她头发全白，已经记不起太多的事情
她坐在破损的木板凳上，偏着头
不知道打工的儿子会不会回来
她懒得动，身边的狗也懒得动
她看着墙角的那瓶农药
已经和她斗争了好几个冬天
最终淡出视野。她站了起来

（选自《新诗歌》2017年7月号）

相 看

鲁 橹

居然沉默，提着心
从尘世来，怕自己两肩担了风霜
怕心底残留有某丝恨

翠屏葳蕤且绵延，像谆谆告诫
像教我脱了沉重的外壳
只把心置于其间
轻盈地飞

还身于草木
我若惊叫，定是一己私利
还未撕扯干净

（选自《山东文学》2017 年第 7 期）

寂寥的伤痛

柳　苏

鸟鸣退出天空
阡陌被野蒿占据
最后一撮泥土脱落
犁铧生锈

风中，传出一截枯枝折断的响声
阴影爬上与村子厮守的心
越老的岁月担心越多，一阵
难以按捺的惶惑

用热情播下高粱
长出硬邦邦的石头
他开始怀疑那句古谚：
种瓜得瓜，种豆得豆

（选自《绿风》2017 年第 3 期）

这些年

张晓英

其实这些年很短
阴影还在阴影的里面
一条小径马兰花开
年复一年
所有的种子都在兑现承诺
日子在阳光下浣洗暗斑
一些想法不停地搬运、挪动
生活可能成为生活的小路
仍然还有石头守着月光的清冷
席地而坐……

（选自《中国诗人》2017 年第 2 期）

转　身

其木格

风轻云淡，岁月安好。——林徽因语

岁月安好。多么好的安慰
不是所有的酸楚都要呻吟出来
有时只需一个轻轻转身，一切都能迎刃而解
亦可放飞自己，生动地拍打翅膀
将流水，小桥，花卉，雪花，来自四面八方的芬芳
尽收眼底，不断粉刷更新
总有一个界面是你想要的

很久都没有把你从记忆里抹去
还有一些需要惨淡经营的小小感动
在下个春天到来之际
或许，你早已成为一棵参天大树

（选自《杯水诗刊》2017 年 2 月号）

道 别

张海梅

缕缕清风
自由地吹过一排排的苦楝树

风向飘忽不定
影子一前一后

无论采取什么方式
都难以捕捉

满腹的不舍
始终找不到一个精美的挽留

一个昼夜的长度　云卷云舒
丈量着担忧和不安

从不奢望
嫁接的新绿会翻山越岭
一如不指望
落到小溪里的雨水
伴着阳光回流到天际

极力按住即将崩裂的水龙头
抑或把目光安放在没有人类的气味里

一定要在你转身之前
闭紧双唇，咬紧牙关
绝不能让体内那条沸腾的河流
奔涌而出

（选自《岁月》2017年第8期）

障眼法

瓦　刀

隔着一条马路相视而笑的人，早已擦肩而过。
隔着一条河流挥手致意的人，转身各奔东西。
你发髻轻挽，走出深巷，晃动一片冰岛问我：喜欢吗？
我的身后，朴素的玉米已做好被收割的准备。

其实，我所喜欢的一直在减少。
我总能在暗夜深处，翻出岁月的花名册，
划掉凝霜的姓名，为不堪重负的生命腾出一些内存。

记得你取笑我：人家宰相肚里能撑船哩——
这尘世没有一处伤疤愿为流出去的血保留伤口。
幸好自己不是宰相，我的肚量大如锋芒。

一夜秋风凉，我该将马褂换成长衫了。

（选自《中国诗人》2017年第5期）

又见桃花

向天笑

又见桃花，又见荡漾的春心
哪怕遍地桃花盛开
我乐于守候那么一朵
含苞欲放，带着灿烂的光华

她独有的芬芳
一直弥漫到保安湖畔
一直弥漫到西塞江边
让我的心长出翅膀跃上枝头

又见桃花，桃花依旧笑春风
又见桃花，桃花绽开成盛大的节日
一年一度短暂的开放
背后又是漫长的等待

她缓缓打开的花苞
就是缓缓打开的天堂

（选自《诗选刊》2017 年第 5 期）

磨刀人

杨　荟

磨过的刀　从不反口
可以切菜　削铁　剔肉　断骨
可以在背地里暗藏杀机
也可以重新生锈

每磨亮一把刀
磨刀人都要用拇指在刀口蹭蹭
正面　反面　握紧刀柄在空中比画
——暗暗用力

磨亮的刀被一一带走
连同寒光
留下他　和冷硬的磨刀石
——有些用途他骗不了自己

（选自《飞天》2017 年第 8 期）

写 信

一 度

写信给落日，就收到黄昏
金黄的麦子
写信给暴雨，收到淋湿的
双桨，候鸟折翼的天空

写信给夏天，蝉在柳树林
嘶鸣，桑树流出红色的汁液

写信给自己，退回的信封
空无一字。我知道哪里需要禁声
哪里需要密室的喧哗

（选自《诗林》2017 年第 6 期）

幸运之地

米　戛

我是一朵寻找温暖的太阳花
无意之中飘落到大姚
福祉　在这里
让我遇见最好的故事，最好的人

大姚，我们不是
最终的相遇，而是久别重逢
为了今天，我在凡尘之中
被石灰水洗过几次心
最终等到了你
苦难艰辛，又算得了什么

是的，在我回眸的刹那
你像光线从窗口照入
不太强，也不太弱
恰好让我看清楚幸运之地

（选自《百草岭》2017 年冬卷）

北京最后一班地铁

王长征

绵长弯曲的隧道
孤零零地穿行
脸上的光影忽明忽暗
我在地铁里，抱紧胳膊
像寂寞的酒瓶
左看右看
四周空无一人
就像这座城市
虽然人潮涌动
却有着同样的孤独

（选自《中国作家》2017 年第 11 期）

疼痛的思念

杨云霞

你不知道，每一次相见
我都给自己备下止疼药
别后，以泪水送服

伤口未愈，我们再次用力撕裂
只想让交融的血，清澈见底

被时空撬开的蜜罐，弥散浓烈的
罂粟花香，你轻嗅的
那一口，早在我心里过滤千遍

我只是不知，还要经过多少
世俗的刀锋与渡口才能
抵达你转世后洁净的彼岸

结局埋好的腐根
是不是你道法里抽出的快刀

（选自《滇池》2017年第6期）

守车人

张尚锋

任孩子笑我，多此一举
推门之前，我习惯性地敲了敲
心里坚持，老屋有人

龛头之上，奶奶端坐
遗容慈祥
她目光能及之处
一辆破旧的自行车，是我年少求学的工具

老屋蒙上灰尘，香火不旺
室外杂草丛生，我内心荒芜
心生哽咽
转过身去质问父亲，近乎咆哮
都进城了，为什么不把她带走
为什么不把这辆破车报废

母亲解围，老人托梦，不愿离开
老人说，都可以走，必须有一件旧物
让她看到

（选自《星星》诗刊 2017 年第 8 期）

村　庄

康　雪

汽车驶过时灰尘像一场尖叫的迷雾
患病的孩子拿着铅笔和纸，毫不迟疑地
走进去。而妹妹和侄女，捂着嘴巴
飞快地穿过这个模糊的命题——
我们尚不知痛楚，也不知为何喜悦。
这是一个接近黄昏的村庄，水泥路正在
扩建。从未离开的老人停止衰老
患病的孩子停止病症——普通生活得以
安然重复。只有更新迅猛的
妹妹和侄女们，以毫不自知的美貌
保持这个村庄应有的、未知的危险性

（选自《十月》2017年第3期）

我的二维码

麦　笛

人到盖棺时也很难定论
自己说不清楚，别人更不能
最简单的办法是，死后请一个匠人
把曲折的命运雕刻成二维码
算是我留给世界的最后一方印章
形状必须是祖屋窗棂的样子
镂空的，百年之后
就把二维码安放在我墓碑的正中
扫墓人一眼就能扫出阴阳世界的五味
扫完码，不忍离去的那位
估计是我的亲人，也可能
是我的敌人

（选自《人民文学》2017 年第 12 期）

笑与奇迹

祝立根

暮色漫过胸膛，我们走向荒山
一群诗人，也是一群失魂落魄的人
像一支乡村送葬的队伍，我们
开寿终正寝者，和年龄最小者的玩笑
石头来自山下的采石场，长眠者
多来自附近的村庄。晚风如巨掌
擦亮墓碑，擦亮了我们的额头，
最后的天光下
那个最爱开玩笑的家伙，扒开荒草
对着墓碑，一一喊出了我们的姓名

（选自《人民文学》2017 年第 3 期）

与自己书

何晓坤

回到自己的内心去吧
把过往像垃圾一样运走　这样的年龄
不该有疼痛和疯狂　也不再纠结和幻想
回到内心去　煮一壶清茶　安静下来
看看夕晖里的大地　多么柔软　安宁

包容裂痕依旧的光阴　原谅自己
也原谅整整一生不离不弃的影子
告诉它　委屈了　跟随了大半辈子
也没有长大　以后还会越来越矮小
现在我要去打扫落叶了　如果你还愿意
就和我一起弯下腰去

（选自《诗刊》2017 年 7 月上半月刊）

泡 茶

伊 夫

撮一点茶叶在透明的容器里
加水，最好是沸点的水
加至瓶颈。茶叶开始极致的表演
它们全都向往高处的生活，为了先前抵达
它们在瓶子里竞相献媚、互相排挤甚至作困兽状挣扎

它们努力抵达水的高度
并且一个个都以胜利者的姿态自居
它们狂妄、悠然自得
每一片茶叶都是一个王国

这些无知的生命悲催的命运
已在不远的地方悄然地等待
它们在空气中冷却、凝滞以至痴呆、僵化
是时候了。
最先喝掉的总是最先抵达的那片叶子

（选自《延河》诗刊 2017 年第 4 期）

这么好的阳光

潘志远

这么好的阳光
适合将牛赶往一座山坡
仰面朝天，写几个古老的汉字
扛着铁锹，向泥土深层挖掘
在庭院，抡圆斧头劈柴
赤膊上阵，大汗淋漓
而今已是一种奢侈
这么好的阳光
适合将影子钉在河边
接通远方的电话
最不适合做鸟的知音
花的看客，捻指
目光铺开，文字昏昏欲睡
这么好的阳光
适合一个人独坐门前
搂紧一个人或一段快生锈的往事

（选自《玉融文学》2017 年 9 月总第 3 期）

奇 石

谭 莹

你用一双犀利的雄鹰般的眼睛
在溪流里逡巡
寻找着心仪的猎物
雷达一样的探测在两米深的潭底
邂逅了
那个犹抱琵琶半遮面的绝世容颜
蕴涵着时光赋予的所有华美
如烟村，如落日，如竹林
如鸡鸭鱼虫
如定格的飞禽
如情侣，如静水深流

如一幅画，如一处景
如一个禅意颇浓的道场

仿佛凝固的世外桃园
不知出处亦不知归途
流水是养父母
踏破铁鞋的寻觅者
是它们前世的知己
从此，不是被供奉在大雅之堂
便是在懂得的人那里
相伴终生

（选自《海燕》2017 年第 10 期）

旧

杨 邪

在小镇西门的小弄堂
我看见了大姑父
他在门前搬弄着什么
不是是非，而是沉重的家伙

我喊一声姑父
他迟钝地抬头
然后笑逐颜开

猛地内心一沉
——几个月不见，大姑父
又旧了一茬

好快呀——
不是老
而是旧

——数天之后，面对一个光鲜的女人
我讲述了这个细节
我说，如今我也旧了，并且旧得不行

（选自《六盘山》2017 年第 4 期）

孩童的想法

解

那么　他为什么低头不答
一个人郁闷走向崖边
对着一丛矮脚杜鹃发呆
把花瓣统统扯掉　抛撒深渊

烈日下黑松守土有责
高脚杜鹃用长枝拥抱太阳
趴在地上的矮脚杜鹃
没有必要心生妒忌

白虎石天高地阔
被彩云重压　被花海
包围　被马蹄纷纷踏过
原来他想骑马　骑上骏马奔驰

（选自《扬子江》诗刊 2017 年第 5 期）

鞠　躬

冬　箫

向着一个残缺的身躯
和一只倾斜的眼睛
我弯下腰
可以看得更清楚

我忘却了这是一个肮脏的肉体
忧郁与恐惧从眼中流露出来
这是她的饥饿
没有伸手向我乞讨
她没有手！

她一定在黑暗的心中翻滚一些措辞
这些措辞一定光亮
但她没有说
一个字，在她的喉结里咯咯作响

我不由揣测她内心的指向
关于荒原、遭遇、离愁或者慵懒
或者一场已经经历的风暴
然而，我却看到
一朵梨花在她内衣的小破口上
干枯如绽放

（选自《北京文学》2017 年第 8 期）

晚 节

徐 庶

芝麻节节高时，再锋利的镰刀
都被它收割一空
再皎洁的月色
也得为之弯腰、低头

这是暮秋，早熟的芝麻被季节掳走
剩下一株赢了
与一把镰刀的抓扯官司
却晚节不保

在一排被整齐割头的芝麻地里
当名叫芝麻的颗粒都走了的时候
一株长势俊俏的芝麻
看上去已不是芝麻

（选自《合川文学》2017 年第 6 期）

什刹海

海　郁

什刹海在一个词语里清晰起来
她在一个少年的课本里苏醒
时隔三十多年，又在那个少年的暮色里
遇见。什刹海有海的名分
自然就有海的宽阔和壮美
碧绿是她绰约的风姿
柳枝是她飘飞的刘海
什刹海环拥着古老的胡同
胡同里看不到达官显贵
看不到僧人尼姑
却是不同肤色的人民在老北京
字正腔圆的京调里徜徉
什刹海翠绿的湖面映衬在眸子里
她将经年前的一个夙愿
点亮，点亮是今夜红彤彤的厅堂
闪着霓裳，醉听小雨踢踏
起舞弄清影

（选自《朔方》2017年第6期）

我是一匹马

张彩凤

昨夜我变成了一匹马
自由而神骏
驰骋在广袤的草原
奔腾着一颗苍凉的心
狂风是我的主人
任他抽打我的灵魂
找不到歇脚的驿站
便在花丛中栖身
孤寂是最美的野餐
思绪是最烈性的酒
对着寒星豪放地
把酒当歌
绿草为我俯首
花香与我缠绵
可我还是要抖鬃前行
为了自由和神骏

《芒种》2017 年 03 月刊发

网　络

WANGLUO

旁注之诗

王家新

毁掉你的手稿，但保留你因为烦闷和无助而写在页边的批注。

——曼德尔施塔姆

阿赫玛托娃

那在 1941 年夏天逼近你房子上空的火星，
我在 2016 年的冬天才看见了它。
灾难已过去了吗？我不知道。
当我们拉开距离，现实才置于眼前。

米沃什

一只野兔在车灯前逃窜
它只是顺着那道强光向前逃窜
看看吧，如果我需要哲学
我需要的，是那种
能够帮助一只小野兔的哲学

但　丁

不是你长着一副鹰钩鼻子，

是鹰的利爪，一直在你的眉头下催促。

维特根斯坦

在何种程度上石头会痛苦
在何种程度上我们可以说到一块石头疼痛
但是火星难道不是一个痛苦的星球吗
火星的石头疼痛的时候
你在它的下面可以安闲地散步吗

辛波斯卡

她死后留下有一百多个抽屉：
她使用过的各种物品，
收集的明信片，打火机（她抽烟）
手稿，针线包，诺亚方舟模型，
护照，项链，诺奖获奖证书，
但是有一个拉开是空的。

（选自中国诗歌网 2017 年 3 月 6 日“每日好诗”栏目）

等待什么（外二首）

王　艺

在这个预报有雪的夜晚
我像是洞房里的新郎
掀开黑暗的盖头
一遍一遍地
世界依然寡淡着
和往常一样
骨瘦如柴
那些雪白丰腴的肯定
要么是谎言
要么是梦想

我不知在等待什么
戈多
或是叫做卡西莫多的敲钟人

雪是否还会下
已经不再重要
我的梦已经留白了

乡　愁

有一种感伤叫乡愁

是一湖秋水漂泊心头
一丝微风把水面吹皱
云深雾重也看到你的问候

有一种温暖叫乡愁
像一炉篝火炽热心头
一线微光把夜幕穿透
万水千山也感受你的温柔

有一种期盼叫乡愁
像一幅画卷铭记心头
一抹春雨把梦想开启
一花一叶都是美丽乡愁

有一种力量叫乡愁
是一方故土滋养心头
一句乡音将游子呼唤
天涯海角也爱你天长地久

乡愁　美丽乡愁
留住无数人心里的乡愁啊……

这不过是一场戏

这不过是一场戏
唱的是英雄豪迈
念的是辉煌事迹
做的是光明磊落
打的是江湖霸气

场面上惊天动地
逃不过众叛亲离
眼看着曲终人散
也只能无奈叹息
卸下这粉墨装扮
脱下了华丽戏衣
送去那生旦净末
只剩下老丑自己
道一声罢罢罢
不过是一场游戏！

（选自2017年12月16日“一代宗师”微信公众号）

跨年之诗（二首）

梁　梁

守　岁

瞪着眼睛看流星划过天际
如岁月掉了牙齿
哭泣因而走失元音

拒绝入睡
是害怕在打盹的一瞬
天与地会像瞌睡的眼皮一样
猛然合上
劫持着被泪水洗亮的眸子

我宁愿孤独能把我当作他的私生子
偷偷养育成人
也不愿看着空洞的星空
守着一个无家可归的孩子

其实，我根本看护不住这注定了的岁月
一不留神
就将自己守成了岁月

鸣 叫

一只鸟儿以为这个日子很好
便鸣叫了

一只鸟儿以为这个日子不好
便鸣叫了

一只鸟儿并没有以为这个日子是好还是不好
它只是觉得应该鸣叫
便鸣叫了

一树的鸟儿应和着它的鸣叫
七嘴八舌地叫了起来

空气由此流动
闲云待雨
阳光像一个初潮的少女
日子真的就成为日子了

于是，那一只鸟
那一树鸟
便齐声忘情地鸣叫了

它和它们
都不会知道
它们会搅乱漂浮在空中的春梦
四周已开始调集黑森森的枪口

（选自 2017 年 11 月 26 日“文学沙龙”微信公众号）

白城子的下午（外一首）

温　古

上涨到门槛上的海，开始退潮
歌声和乐曲
从黑梨树的膝盖上滑下
双手托起的天空正在下沉

擦着青草，有一只大船解缆
牛羊归栏的叫声相隔不远
一堵墙朝梦境的一方倾斜倒塌

一座被皇帝抛弃的宫殿
轻轻地落在云的下面

茶坊河

对于我，这条河与茶无关
在我离开村庄时，应该说
这条河的历史，才真正开始

以前，不过是即兴的练习曲
弹奏些月光的夜晚、春晓的树林
以及秋暮黄昏的鸟群等

正经的咏叹调，让万物沉浸
在凝止不动的气氛里
是我离开的那一天、那一夜

山都直起耳朵，坐下来
树也不再摆动，还有低头不吃草的羊
溢满泪水的、低了一尺的天空
事物一下子深不可测

我不知道该让她停下，还是继续
三十年了，她的那只手指
将我心中的痛，拨动

我已无法将她还原为一条河
无法放回到童年的河床里
是的，太咸的泪
使低头饮水的马儿
一惊，将头抬起
并深深地吸了口凉气

（选自 2017 年 10 月 18 日“诗人类”微信公众号）

黑水城即景

张永生

一片沙漠，一座古城
一段被风化的往事
一场被诅咒的战争

静静地　矗立在那里
任风雨侵蚀，任狂沙围攻
黑水城呵
你告诉世间一个怎样的故事
为不幸的先人
掬一捧泪，洒一片情

珍藏的文献，还原了场景
水，主宰了战争的输赢
万物皆因水而兴，无水而亡
人间正道，应是水流淙淙的和平……

（选自2017年10月14日“一代宗师”微信公众号）

跌

王立春

河流到悬崖边
跌了个跟头
一个跟头
挺了起来
挺成了瀑布

夕阳走到西山
跌了个跟头
一个跟头
跌进了深深的夜里
从深夜中爬起来
爬成了朝阳

孩子走到路上
跌了个跟头
一个跟头站起来
站成了大人

（选自 2017 年 7 月 11 日“新童诗”微信公众号）

给溪流

孤　城

芳草芊芊。你拨叮咚算珠，清点经手的光阴
口算
寂静深山
托你运往山下的竹叶、落瓣，与幽邃

深浅是心有块垒的。旧事刺痛，卵石光滑
难过时，玉碎，平阔处愈合
细叹——
人世这趟，怎么挣脱，都像
孤注一掷

（选自《诗刊》2017 年 8 月 22 日官方微信）

黄寺诗篇（二首）

燕赤霞

慢

慢下来
我小声地
对自己说
慢下来
我感觉到了
一丝不安
慢下来
我快了吗
肯定快了
慢下来
让心跳放缓
让脚步放缓
慢下来
让身体松弛
让精神放松
慢下来
把内心的硝烟
全部熄灭
慢下来
把武器扔掉
洗去征尘

慢下来
任流水匆匆
任光阴的钟摆
生锈

快

要快一点
更快一点
让岁月的快门变慢
十五分之一秒
甚至更慢些
让我们的动作
定格为
充满动感的瞬间
要快一点
更快一点
让时间的脚步
和我们的内心
形成动静对比
让岁月和生活
形成虚实对比
要快一点
更快一点
在每一个黎明
开始之前
发起冲锋
在每一个黑夜
来临之前

结束战斗
要快一点
更快一点
用最慢的心灵
最慢的翅膀
把命运的图纸
甩在身后
把风景
猛地打开

（选自 2017 年 6 月 10 日“军旅诗界”微信公众号）

以色列掠影（三首）

蓝　珊

在加利利湖

关于加利利
有许多传说
关于世界的起源
有许多答案
与哀哭的同哀哭
与喜乐的同喜乐
地上的灯火
也在天上点明
是要纪念
一位少年
微笑的眼睛

隔离墙

你们本是亲兄弟
却成了分外眼红的仇人
风沙正浓
一堵墙
能割断千年历史吗

以实马利
以撒
亚伯拉罕在《圣经》里喊你们

忧郁的阿拉伯少年

忧郁的阿拉伯少年
像乌云遮住了星光
又像叹息的白日梦
就像他怀中发抖的小羊羔
孤独而无人牧养

（选自 2017 年 11 月 18 日“一代宗师”微信公众号）

光（外一首）

张绪军

光在身体里流动和荡漾，将我充满，
从五脏六腑到四肢百骸。
我能感觉到它的成长与努力。
它因我而生，由弱到强，不离不弃。
如同一把利剑在林莽中开辟道路，
自我温暖，自我修复，自我激励，
稀释和调和黑暗，
逼出寒气和湿邪，
挤掉多余的结构、汁液、赘肉。
即使在我熟睡之时，
它也如同古墓中的长明灯，
照亮我昏暗朦胧的梦境。
光啊，我的生命之源，梦想之源！
你引导了我，塑造了我，
提升了我生命的高度。
我将追随你，呵护你，捍卫你，永生永世！

无名老兵

若想哭泣，就痛快地哭泣吧，
为逝去的亲人，为不再回来的日子。
我们留不住季节的脚步，留不住曾经的自己。

一切都在消失，一切都有去无回。
思绪与情感，连同我们的肉体，都如泡沫与落花。
就让我沉入黑暗吧！
可是每当此时，
总会有闪电在眼前划过，
让我猝不及防，精神一振。
如同隐居僻野的无名老兵，
突然被记者发现和采访，
记忆的闸门被缓缓打开，
荣光重新闪亮灰暗的灵魂。

（选自 2017 年 11 月 22 日“一代宗师”微信公众号）

马兰花（外一首）

傅　实

把根扎进土里
土再深
也深不过你的心
把花举向天空
天再宽
也宽不过你的眼睛

把高原的风染成紫色
在羊的眼睛里注满温存
让奔腾的马蹄
溅起几朵芬芳

让喧嚣的尘世
在你的花瓣上
静一静

响沙湾

沙子没有响
沉默铺向远方

无数只脚在沙上移动

穿鞋的　赤裸的
光滑的　粗糙的
无数只脚没入沙中
汗水，打湿了沙的梦

这金色的辽阔
这无边的时间的颗粒
太阳高悬在空中
太阳被沙子一寸寸磨短

没有风
沙上也没有
留下一个脚印

（选自2017年10月21日青年作家网）

叶　子（二首）

傅大为

落进茶杯里的叶子

一片叶子，不偏不倚
落进了我的茶杯

半杯茶，一个陷阱
浮起了叶子的后半生
那片叶子，来自于头顶
被紫藤称之为姐姐的
孪生香樟树

一片叶子，那么随缘地
落进了灵隐寺后花园的茶杯里
茶杯，端坐在藤编圆桌上
斟满宿命的月光

一片叶子，不偏不倚
落进了我的茶杯
一如守候在爱情窗口的
那个灿烂身影

做一枚风中的叶子

做一枚风中的叶子
在时光的荒原上飘呵飘
毋需太高，只要高过眉梢
高过视野就好

即使，我飘不过白云
飘不过偶尔还能遮蔽太阳的
翅膀，可我毕竟是泥土的儿子
是万物的旗帜，风向的标

呵飘，在时光的荒原上
我是泥土的最后一笔本钱
经络分明地走向远方

做一枚风中的叶子
在时光的荒原上飘，呵飘
我的正面与反面
都可以以泥土大地的名义
与太阳谈判，向天对决

（选自《诗江南》2017 年 10 月 19 日官方微信）

追风筝的人（外二首）

李爱莲

飞翔是一只风筝的宿命
一如炊烟

高过山巅，追逐一片云彩
高过风筝的投影
成为大地之子

追风筝的人，只记住了风
不必记住方向

方向是离自己最远的事物
奔跑在风中
线的两端都是辽阔

想亲人

盘腿，打坐，做一个守夜人
怀念一个个离开的人

三哥最先离开
凌晨两点，时间停止在三十一

妈妈的呼吸停止在我的怀里
她盼了我一年
我只在她身边三天
远不及在她子宫里的时间

秋 后

一些事物枯萎，一些事物腐烂
一些事物被风扬起
看不清自己

石阶光滑
因为时光曾经坐在那里

眼睛明亮
因为被泪水刚刚擦洗

结出果实的枝头，弯着腰
收割后的麦田，安静如眠

（选自 2017 年 10 月 23 日“一代宗师”微信公众号）

狙击手（外一首）

应文浩

伏在草丛里，绿是最亮的眼
倚在废墟上，是一截烧焦的木头
蹲在水坑里，和青蛙一起制造柔软

那个爬上顶峰的人
刚喊出：胜利了——
就应声倒下了
那个企图伸手拿回
篓中旧日子的人
一片没拿到
反被击中了右腿

而我们
还有高贵的花，贫贱的草
都像被看押着
不管向前、向后，或向左、向右
那个狙击手
一直瞄着

他的名字叫时间

桂花开了

桂花开了
报告消息的人
是早起在院子里忙碌的妻子

我跑出来时
妻子的秀发上，落了一朵
就像她年轻那会恰巧落在我家
她此刻的一粒笑
却是不小心落在水仙上的
然而，这一切并非属于完全的巧合
我闻出来了——
她们都有成熟女性的体香

你说什么？我还不算幸福？
哦，忘了告诉你
我一直只想做个简单的幸福人
因为我知道，在这个世上
一定有许多地方，桂花开了
却无人报告消息

（选自 2017 年 10 月 27 日“诗黎明”微信公众号）

抒写在册页上的信

洪　雁

被哒哒的马蹄声
惶乱地追赶了一夜，至黎明
那封十几年前就在写的长信
忽然被风扯下三页，吹到
眼前，海洋季风一般的深情和爆裂
瞬间把世界提离地面三尺
你肯定没有预料到
一个人被惊吓至哑口无语

相逢恍如已隔三世
那从另一个维度空间又生长出来的
莫名的恐惧，是被蚕食去的桑叶
即使还有脉络又能找到什么
曾经的光和绿
那沙沙的与口腔的触感
是青涩的疼痛喂养茁壮的一个椭圆
结出了茧又能证明什么
一根根吐丝一层层缠绕自己
谁深谙破茧成蝶这个词下坠的毒素

如火红罂粟之召唤
怎样的诱惑才让人欲罢不能
心甘情愿地吐丝结网，作茧自缚

用文字、日月、目光和丝线
一寸一寸把自己编织在其中
然后飞娥扑火
像戒不掉爱的人一样
迎着光芒，向死而生

那混沌中无数的萤火之光，莫非
都是点燃自己照亮了心空？

（选自2017年11月9日“一代宗师”微信公众号）

语数外中的人生

牧　野

人生若是标点符号
它不会永无止境地追求一个目标
得到的都会划上句号
失去的也将省略忘掉
什么梦想誓言 都是浮云
她只属于青春年少

人生就像一个圆
起点与终点都在同一个地方
只要走完 就算圆满
直径长短 又有何妨?

人生如果是个字母
是A是Z 并不重要
后人流传的是
它组合的单词是否意义非凡
团队所造的句子能否千古流芳

人生也是一道难解的题
所有的答案都不分对错
因为它解的只是你我自己

（选自2017年12月31日“读书大咖”微信公众号）

隐　歌

舒　然

矾楼的琴声
重复周郎的新曲
繁华若我
花洒与花灯
纤手新橙的余温
叹息无痕

马蹄踏碎
流连温存的露珠
欢爱若我
皇上夜里潜行
背负朝野的艳名
一夜倾城

小乙的皮肤上
刻着我前生的谜底
沉淀若我
随船歌模糊于江湖
汴京城碾过身体
如钱塘的潮信

（选自 2017 年 1 月 7 日“海子诗社诗歌”微信公众号）

黄花遍地

陈树照

穿过村头那座石桥
绕过槐树遮蔽那口井
你就能看见　风中
那块油菜田
吹动着　春天的软绸

那么多黄色的小拳头
脏了又洗净
它们最硬的骨头　在三月
也经不住雨水的敲打

也抵不过　那些追花的蜜蜂
细细的针刺
哪怕一个轻盈的吻
也能穿透灵魂　疼痛着
并伤痕累累

（选自 2017 年 9 月 10 日“新诗界”微信公众号）

关于秋天（二首）

蓝　帆

脆弱的秋天

只怪我的诗　触碰了秋字
眼前　便漫天飞雪
它们把苍天折旧
把日月磨损
凋零的星星去而不返

玉兔躲在传说里哀伤
吴刚伐木维持生活
谁能脱稿演讲仙境的空泛
大音稀声
俗世的叶片佐证脆弱的秋天

寻找那些秋风

秋天 直接选择了我
快乐的文字　遗憾的自责
潜藏在落叶底下　不露声色

我寻找去年那些激情万丈的风
季节依然　地点没错

可它们竟然足迹杳然　不知下落

白天　太阳拨响万把琴瑟分解困惑
夜晚　我托付夜莺帮我呼唤走散的风
它们杳无踪影　我该如何

曾经的世事告诉我
没有住址的相约　如同幽灵蛊惑
再美的橄榄枝　能奈我何

朝霞披着火红的纱裳　呼唤我
它说　飘忽不定的　还是妖孽
高山缄口沉默　流水有话不说

（选自 2017 年 9 月 20 “文学沙龙”微信公众号）

乡关谁边

曾　瀑

第一次回故乡，李老舅公、向大伯没了
第二次回故乡，二姨爹、王四伯娘、郑二舅没了
第三次回故乡，外婆没了
第四次回故乡，父亲没了
后来，二伯没了。四叔没了。三舅没了
再后来，一块长大的曾正香、郑绍财没了……

每一次回到故乡
熟悉的面孔总是愈来愈少
山上的新坟总是愈来愈多

我的每一分刻骨铭心的思念，成了深深的伤害
故乡，即将被我消耗殆尽

现在，我的面前有两个故乡
一个在山下，住着活着的人，我对它愈来愈陌生
一个在山上，住着死去的人，却是我活着的记忆

我无力咯出堵塞在心底的那两个字
我不知道哪一边才是我真正的故乡

（选自中国诗歌网 2017 年 9 月 25 日“每日好诗”栏目）

健身北路

雪　鹰

丁字竖钩的焊接点
正在常工院旧址的大门口
锦绣路一笔横画，像碑体
布满立体意象

我们从西向东，从东向西
发现东半横，封闭的一边
凹进一段狭长的路面
正对着一大片时尚建筑

这新建的文化中心，它的重量
压在丁字的右上角，钉帽
塌了一边，健身北路
深深地钉在常州的地图上

来自一侧的重力，让它
在深入城区的时候
难免，出现一些弯曲

（选自 2017 年 7 月 4 日“长淮诗典”公众号 446 期）

春风薄

王跃强

要是早几年
我一定会陪着那株梨花
在香气不垮塌的山坡
开出白云一样的两朵
我们在天地之间并肩怒放
蝴蝶的翅膀
全都长在我们身上

如果早几年
我一定会潜伏在花苞上
做着甜蜜到死也不枯萎的梦
可如今我老了
花瓣在指尖一黄再黄
夕阳也瘦成了眼里的小柿子
春风微凉啊
缝着我从前穿过的薄衣裳

（选自2017年9月12日“文学沙龙”微信公众号）

一头牦牛走上了拉萨的街头

鹧　鸪

一头牦牛走上了拉萨的街头
它没有遵守交通规则　视斑马线为无物
它就是这样随便走走
人群要为它让路　车流也要为它让路

四月的拉萨　四周的山坡已经长满了青草
它却为何走上了拉萨的街头
还把所有的规矩和世俗统统踩在脚下

在西藏　那么多人在诵经　那么多人在转动经筒
这头牦牛却是另类　像一个远离寺院的
喇嘛

（选自中国诗歌网 2017 年 6 月 21 日“每日好诗”栏目）

玉　米（外一首）

段若兮

作为女人
我羞于在你的面前褪去衣衫
我肌肤上的山水
体内的仙境
都因为自卑而收拢翅膀

剥去荆棘和风暴做成的外衣
剥去丝绸和流水做成的内衣
你袒露金质的肉体
天空打开所有的门
所有的太阳
在这一刻　走下神坛

慢　慢

云层一定要慢慢地打开
阳光慢慢地渗入院子
秧苗上的雾气一定要慢慢地散去
红盖头一定要慢慢地掀起来

你要落泪么
泪珠一定要慢慢地落下来

胭脂色的红晕一定要慢慢地
慢慢地再慢慢地暗下去

慢慢地用柴火烧水
慢慢地等待远归的人敲门
小女儿慢慢地长大
石榴树慢慢地开着红花

像一个女人一样慢慢地去爱
慢慢地去老
慢慢地伤心和欢喜
慢慢地折叠好红嫁衣
墓碑上的青藤慢慢地慢慢地长出湿凉的触须

（选自 2017 年 1 月 9 日“女诗人”微信公众号）

江　边

杨启运

再一次来到这里
二十多年已经过去

江风寒凉
令灵魂颤栗

但浅浅的眼眶
足可守住一条大江

有一根针
需要它

要把滚滚的江水搓成细细的棉线
穿过小小的针眼

把崭新的爱
缝进生活

（选自2017年7月4日“长淮诗典”公众号446期）

潭柘寺的钟声

陈巨飞

我以飞旋的秋意，化为银杏叶和北方响晴的蓝天
多么丰盈：精神上有一座祈福的碉堡，肉体上
有人间的烟火和露水
然而这钟声，它隐隐而来，不似惊雷扑入怀中
而似狮子吼，似面壁者的墙壁，似空谷里
一片柘树叶子落在历史的针脚里——
我看见天子狩猎的马蹄越来越远了
枯草上住着热爱生活的人，需要钟声
我是浑浊的，需要沐浴；需要把语言的沙子
换成击钟者的头颅
需要在钟声里种一棵菩提树，光秃秃的
发不出枝叶，长不出果实
当它击中我，我只能化为一缕回声……

（选自中国诗歌网 2017 年 8 月 3 日每日好诗）

会变的书包

张建斌

爷爷小时候
挎的书包和他一样
朴素的，瘦瘦的

爸爸小时候
背的书包也和他一样
好看了，结实了

胖嘟嘟的我
穿着漂亮的衣服
再看看自己拖的书包
笑了

是啊！人在变
书包也跟着变
难怪我每天乘车上学
书包都长出轮子来啦！

（选自 2017 年 9 月 28 日“新童诗”微信公众号）

国　歌

李不嫁

想起聂耳
想起那流星般划过的
生命，怎样照亮
四万万五千万救亡的同胞
这是我唱起国歌时，悲壮得想哭的原因

想起田汉
想起被逼着趴在地上
把自己的小便喝掉
想起骨灰盒里只有眼镜、钢笔
和生前创作的《义勇军进行曲》
想起他在禁闭室里死去时
窗外白雪飘飘，广播里
正响着由他作词聂耳作曲的《毕业歌》
这是我唱起国歌时，悲壮得想哭的另一个原因

（选自 2017 年 4 月 11 日“长淮诗典”公众号 363 期）

妈妈，仗已经打完

杜思尚

南海紧张那几天
母亲彻夜祈祷
不时问我，会不会打仗？
我说，不会的，放心吧

母亲还是半信半疑
我说，打也轮不上我
母亲好像松了口气
靠在沙发上就睡着了

不一会儿，她又睁开眼来
拉着我的手说
真不会打？
我连连点头

半夜，我上卫生间
还能听到母亲祈祷的声音

几天后，我半夜加班回来
母亲仍坐在沙发上祈祷
看到我，马上站起来说
是不是还在打仗？
我想了想，认真地对母亲说

妈，仗已经打完
母亲像不认识我一样
仔细地将我全身打量一遍

不一会儿
房间传来均匀的鼾声

（选自2017年3月24日“军旅诗界”微信公众号）

看电影

羽微微

一个小男孩在电影中被打死了
你又能向谁说呢
他又不是真的死去
他又不存在。没有一个他为了逃避
一颗子弹，那样奔跑
拉着你的心那样，飞快地掠过大街
磨擦着石子，让你摔在地上
啊，那些不存在的事物
让你痛苦，让你寻找愿意倾听你的人
让你想诉说和哭泣
而倾听者并不存在。他们沉默
他们从座位上站起，转身离去

（选自中国诗歌网 2017 年 3 月 13 日“每日好诗”栏目）